Reihe *leicht gemacht* ®

Herausgeber:
Professor Dr. Hans-Dieter Schwind
Richter am AG Dr. Peter-Helge Hauptmann

Bankrecht

leicht gemacht

Ein Lehrbuch nicht nur für angehende Bankkaufleute,
Betriebswirte und Rechtsanwälte

2., überarbeitete Auflage

von
Alexander Deicke
Rechtsanwalt, MBA, LL. M. (M&A)
Fachanwalt für Bank- und Kapitalmarktrecht

Ewald v. Kleist Verlag, Berlin

Besuchen Sie uns im Internet:
www.leicht-gemacht.de

Autoren und Verlag freuen sich über Ihre Anregungen

Umwelthinweis: Dieses Buch
wurde auf chlorfrei gebleichtem Papier gedruckt
Gestaltung: M. Haas, www.haas-satz.berlin; J. Ramminger, Berlin
Druck & Verarbeitung: Druck und Service GmbH, Neubrandenburg
leicht gemacht® ist ein eingetragenes Warenzeichen
© 2015 Ewald v. Kleist Verlag, Berlin

ISBN 978-3-87440-320-7

Inhalt

I. Grundlagen des Bankwesens

Lektion 1: Struktur des Bankenmarktes..................... 5
Lektion 2: Bankgeschäfte............................... 13
Lektion 3: Kreditwesengesetz (KWG)..................... 18

II. Rechtliche Grundlagen der Finanzierung

Lektion 4: Kunden, Finanzierungen, Kreditverträge 20
Lektion 5: Kreditsicherheiten............................ 30
Lektion 6: Leistungsstörungsrecht....................... 34
Lektion 7: Unternehmen als Kreditnehmer 38
Lektion 8: Verbraucherrecht........................... 45
Lektion 9: Finanzierungssonderformen 48
Lektion 10: Entscheidungsparameter...................... 58

III. Wertpapier- und Investmentrecht

Lektion 11: Grundlagen................................. 60
Lektion 12: Wertpapierhandelsgesetz (WpHG)............. 72
Lektion 13: Depotgesetz (DepotG) 94
Lektion 14: Kapitalanlagengesetzbuch (KAGB) 105

IV. Bankenaufsicht und Haftung

Lektion 15: Konkrete Bankenaufsicht 131
Lektion 16: Basel-Prozess 133
Lektion 17: Rating..................................... 138
Lektion 18: Bad Bank 141
Lektion 19: Interne Haftung 143

Zusammenfassende Betrachtung......................... 146
Sachregister... 148

Übersichten

Übersicht	1 Die Struktur des Bankenmarkts	7
Übersicht	2 Aufgaben und Funktionen der Öffentlich-Rechtlichen	8
Übersicht	3 Aufgaben und Funktionen der Genossenschaftsbanken	9
Übersicht	4 Aufgaben und Funktionen der Privatbanken	10
Übersicht	5 Die verschiedenen Bankgeschäfte	14
Übersicht	6 Kurze Definitionen der Geschäftsarten	15
Übersicht	7 Kreditwesengesetz	18
Übersicht	8 Finanzierungsarten	23
Übersicht	9 Kriterien des Darlehensvertrags	27
Übersicht	10 Kreditsicherheiten	30
Übersicht	11 Pflichtverletzungen	35
Übersicht	12 Folgen eines unwirksamen Vertrages	36
Übersicht	13 Leistungsstörungen des Kreditverhältnisses	37
Übersicht	14 Gesellschaftsformen	38
Übersicht	15 Innen- und Außenfinanzierung	42
Übersicht	16 Schutzrichtung für Verbraucher	45
Übersicht	17 Leasing	50
Übersicht	18 Factoring & Forfaitierung	52
Übersicht	19 Asset-Backed Securities	53
Übersicht	20 Mezzanine-Kapital	54
Übersicht	21 Sonderfinanzierungsformen	56
Übersicht	22 Der Weg zum Investmentrecht	60
Übersicht	23 Aufteilung nach Art des verbrieften Rechts	63
Übersicht	24 Aufteilung nach der Bestimmbarkeit des Berechtigten	64
Übersicht	25 Was bedeutet Art des verbrieften Rechts genau?	65
Übersicht	26 Was bedeutet Bestimmung des Berechtigten genau?	66
Übersicht	27 Wie wird übertragen?	68
Übersicht	28 Wertpapierrecht	69
Übersicht	29 Wertpapierhandelsgesetz (WpHG)	72
Übersicht	30 Insiderpapiere	75
Übersicht	31 § 14 Absatz 1 WpHG	83
Übersicht	32 Details zu Primär- und Sekundärinsidern	84
Übersicht	33 Insiderhandelsverbote	85
Übersicht	34 Depotgesetz und Kreditwesengesetz	94
Übersicht	35 Gegenüberstellung: Offenes und Geschlossenes Depot	97
Übersicht	36 Marktattraktivität und der liebe Anlegerschutz	105
Übersicht	37 Begriffsbestimmungen	107
Übersicht	38 Das Investmentdreieck	112
Übersicht	39 Hedgefonds früher und heute	117
Übersicht	40 Bankenaufsicht	131
Übersicht	41 Die drei Säulen von Basel II	135
Übersicht	42 Ablauf zur Gründung einer Bad Bank	142

I. Grundlagen des Bankwesens

Lektion 1: Struktur des Bankenmarktes

Marktüberblick

Das deutsche Bankwesen ist eines der am breitesten aufgestellten Banksysteme im internationalen Vergleich. Durch das Bankwesen werden die Finanzierung, Anlagegeschäfte und der Zahlungsverkehr von Privatpersonen und Unternehmen gewährleistet. Eine Besonderheit ist, dass in Deutschland Banken bei der Finanzierung von Unternehmungen eine beherrschende Rolle einnehmen. Im Gegensatz hierzu wird in anderen Ländern wie z.B. in den USA, eine Finanzierung einer Unternehmung oft durch private Investoren realisiert. Daher verfolgen die deutschen Bilanzierungsregelungen nach dem Handelsgesetzbuch (HGB) einen starken Sicherungsgedanken. Im Gegensatz hierzu haben andere Bilanzierungsregeln wie z.B. die amerikanischen Bilanzierungsregeln (US-GAAP) einen stärkeren Fokus auf die Interessen möglicher Investoren. Die im Vormarsch befindlichen europäischen Bilanzierungsregeln nach IFRS/IAS nehmen eine vermittelnde Rolle ein. Im Bereich der Anlagegeschäfte und Finanzierung von privaten Haushalten steht die Sicherung der Interessen des zumeist „schwächeren bzw. schlechter informierten" Verbrauchers im Vordergrund. Um sich dem Bankwesen zu nähern, ist es auf der einen Seite notwendig, sich einen Überblick über die rechtlichen Grundlagen, die den Markt regulieren, zu verschaffen und auf der anderen Seite die verschiedenen Bankprodukte im Anlage- und Finanzierungsbereich zu kennen. Das Bankrecht ist nicht einheitlich in einem einzigen Gesetzbuch geregelt. Dies hat zur Folge, dass ein Grundverständnis der Regelungen über Vertragsgeschäfte (Schuldrecht & dingliches Recht) nach dem Bürgerlichen Gesetzbuch (BGB) und handelsrechtliche Bestimmungen nach HGB notwendig ist. Hiervon ausgehend sind Spezialgesetze, wie das Kreditwesengesetz (KWG), das Wertpapierhandelsgesetz (WpHG), das Depotgesetz (DepotG) und das Kapitalanlagegesetzbuch (KAGB) heranzuziehen. Eine besondere Stellung nimmt die Aufsicht und Kontrolle des Staates über den Bankenmarkt ein.

Arbeitsweise

Es ist notwendig, dass Sie mit den oben erwähnten Gesetzen arbeiten. Gerade im Bankrecht sind die verschiedenen Gesetze stark miteinander verzahnt. In den Lektionen, die sich mit den bankrechtlichen Gesetzen befassen, sollten daher entsprechende Gesetzestexte in gedruckter oder elektronischer Form vorliegen.

> ### Leitsatz 1
> **Bankwesen**
>
> Das **Bankwesen** ist in Deutschland breit gefächert und wird in **verschiedenen Spezialgesetzen** geregelt. Durch das Bankwesen werden der reibungslose **Zahlungsverkehr**, **Finanzierungen** und **Anlagegeschäfte** zwischen Verbrauchern, zwischen Unternehmen untereinander und zwischen Verbrauchern und Unternehmen gewährleistet. Der **Staat** versucht durch verschiedene Regularien, diesen Markt zu überwachen und dafür Sorge zu tragen, dass keine Seite einen marktbeherrschenden Einfluss ausüben kann. Mittlerweile geschieht dies auch in einem **europäischen Kontext**.

Marktaufteilung

Ein besonderes Merkmal des deutschen Bankenmarkts ist die Aufteilung in drei Bereiche: Genossenschaftsbanken, öffentlich-rechtliche Institute und Privatbanken. Diese Einteilung wird auch als Drei-Säulen-System bezeichnet. Sonderrollen nehmen die Deutsche Bundesbank und die verschiedenen Förderbanken ein. Eine Subsumtion unter dem Bereich der öffentlich-rechtlichen Institute wäre am ehesten richtig.

Task 1

Rechtsanwalt Gründer entscheidet sich für die Selbstständigkeit als Rechtsanwalt und möchte zu diesem Zweck ein Darlehen aufnehmen. Er hat gehört, dass es u.U. „Gründungsdarlehen" mit der Unterstützung von Förderbanken des Staates (z.B. = KfW, Bürgschaftsbank) gibt. Er stellt sich nun die Frage, wie er zu einem solchen Förderdarlehen kommt und zu welcher Bank er hierzu gehen muss. Versuchen Sie anhand dieser Frage zu beantworten, welche Aufgaben und besonderen Funktionen die verschiedenen Banken im Drei-Säulen-System einnehmen und welche Besonderheiten zu beachten sind.

Um die Frage zu beantworten, soll zunächst der Bankenmarkt den drei Säulen aus diesem Modell zugeordnet werden, um dann die konkrete Fragestellung zu beantworten.

Übersicht 1: Die Struktur des Bankenmarkts

Drei-Säulen-System

Genossenschafts-banken:	Öffentlich-Rechtliche Institute:	Privatbanken:
Kreditgenossen-schaften und genossenschaftliche Zentralbanken	Sparkassen und Landesbanken	Privatwirtschaftlich organisierte Bankins-titute, zumeist in der Gesellschaftsform einer Aktiengesellschaft (AG)

Im Vergleich zu den privaten Bankinstituten (z.B. Deutsche Bank oder Commerzbank), steht bei den Genossenschaftsbanken (z.B. Volksbanken) und den öffentlich-rechtlichen Instituten (z.B. Kreissparkassen) die Gewinnmaximierung nicht im Vordergrund der Geschäftstätigkeit. Sparkassen und Volksbanken sind stärker auf die Erfüllung von Kundeninteressen ausgerichtet und sehen bei sich u.a. die staatliche Aufgabe, den Mittelstand mit Krediten zu versorgen. Dies erklärt, warum die Profitabilität der deutschen Banken im internationalen Vergleich unterdurchschnittlich ist (Eigenkapitalrentabilität zum Teil bei 0,7 %). Gemein haben die verschiedenen Institutsarten, dass sie durch das Kreditwesengesetz (KWG) reguliert werden.

Internationaler Ausblick

Die breite Aufstellung des deutschen Bankenmarktes hat zur Folge, dass im internationalen Vergleich, die deutschen Banken zu den eher kleinen Kreditinstituten zählen. Zu den umsatzstärksten Kreditinstituten zählen die schweizerische UBS, die britische Barclays Bank und die US-amerikanischen Banken JP Morgan Chase & Co oder die Citigroup. Der einzige deutsche Vertreter unter den umsatzstärksten Bankinstituten weltweit ist die Deutsche Bank. In den letzten Jahren gab es allerdings einen Trend der Marktkonsolidierung zu beobachten (z.B. durch Fusionen von Volksbanken, Kreissparkassen oder dem Zusammenschluss der Dresdner Bank und der Commerzbank, die nun einheitlich unter Commerzbank firmiert).

Eine umfassende Darstellung zu den Aufteilungen, Aufgaben und Funktionen der drei Institutsarten erhalten Sie in den Übersichten 2 bis 4.

Übersicht 2: Aufgaben und Funktionen der Öffentlich-Rechtlichen

Aufteilung, Aufgaben und Funktionen der Institutsarten	
Öffentlich-Rechtliche Kreditinstitute	
Landesbanken	– LBBW, BayernLB, HSH, Nordbank, Helaba, Nord/LB, SaarLB, WestLB – Stellen den angeschlossenen Sparkassen ihre Produkte zum Vertrieb zur Verfügung (z.B. IT-Strukturen) – Großkunden-Betreuung – Hausbank des jeweiligen Bundeslandes
KfW Bankengruppe	Anstalt des öffentlichen Rechts: – Förderung von Mittelstand und Existenzgründern – Investitionskredite – Infrastrukturvorhaben – Wohnungsbau – Energiespartechniken – Bildungskredite, Export- und Projektfinanzierung – Entwicklungszusammenarbeit
DekaBank	– Zentralinstitut der Sparkassen

Sparkassen	– Gewinne sollen dem Gemeinwohl dienen – Sparen soll gefördert werden – Kredite für den Mittelstand der Region (ca. 42 % Marktanteil in diesem Bereich: „Mittelstandsfinanzierer Nr. 1") – Die einzelnen Sparkassen können mitunter eine beachtliche Größe vorweisen und verfügen über ein ausgebautes Filialnetz
Landesbausparkassen	LBS Bayern, LBS Landesbausparkasse Baden-Württemberg
Pfandbriefbanken	Die Pfandbriefbanken entwickelnden sich aus den Hypothekenbanken. Zum 19.07.2005 wurde das Hypothekenbankgesetz außer Kraft gesetzt und abgelöst durch das Pfandbriefgesetz.

Übersicht 3: Aufgaben und Funktionen der Genossenschaftsbanken

Aufteilung, Aufgaben und Funktionen der Institutsarten

Genossenschaftsbanken

DZ Bank und WGZ Bank	Zentralinstitute mit Zentralbankfunktionen: – Abwicklung Auslandsgeschäft – Kapitalmarktprodukte – Große Firmenkunden – Risikoteilung Kreditgeschäft
Volks- und Raiffeisenbanken	Über 1.200 Banken, die sich als Mittelstandsfinanzierer sehen und sich für die Interessen ihrer Mitglieder einsetzen.
Sparda Banken	– Zusammengeschlossen im Verband der Sparda Banken e.V.
PSD Banken	– (Post- Spar- und Darlehensverein) Die PSD Bankengruppe besteht derzeit aus 15 selbstständigen Kreditinstituten

Spezialinstitute im Verbund	– Fondsgesellschaft: Union Investment
	– Immobilienfondsgesellschaft: Union Investment Real Estate
	– Bausparkasse – Schwäbisch Hall
	– Hypothekenbanken: DG Hyp, WL Bank, Münchener Hypothekenbank
	– Leasing Gesellschaft: VR Leasing
	– Versicherungsgesellschaft
	– R+V Versicherung
	– IT Dienstleister: Fiducia IT, GAD
Kirchenbanken	Ligabank
Sonstige Banken	BBBank, Deutsche Apotheker- und Ärztebank

Gesetzliche Regelungen finden sich im Genossenschaftsgesetz (GenG), das bereits vor dem BGB am 01. Mai 1889 in Kraft trat.

Übersicht 4: Aufgaben und Funktionen der Privatbanken

Aufteilung, Aufgaben und Funktionen der Institutsarten

Privatbanken

Großbanken	– Kunden sind neben dem normalen Kundengeschäft die (Groß-)Industrie und vermögende Privatkunden
	– Um die Interessen ihrer Kunden auch im Ausland wahrnehmen zu können, unterhalten diese Banken auch ein Netz von Zweigstellen im Ausland
	– Es handelt sich um Aktiengesellschaften (AGs)
	– Z.B. Deutsche Bank, Commerzbank

Kleine Privatbanken	– Hauptsächlich „Private Wealth Management" – Vereinzelt auch Investmentbanking – Oft Rechtsform der KG und der OHG. Dies hat historische Gründe und einen Sicherheitsaspekt für die Anleger, die einen persönlich haftenden Gesellschafter vorfinden. – Z.B. das Bankhaus Metzler
Auslandsbanken	Mit eigenem Retailgeschäft z.B. SEB AG, Citibank und ohne eigenem Retailgeschäft z.B. ABN AMRO
Private Realkreditinstitute	Realkredite sind Kredite, bei denen die Beleihungsrate nicht über 60% liegt
Private Bausparkassen	Z.B. BHW, Wüstenrot

Zurück zu unserem Task 1. Wir haben gesehen, dass die Förderbanken (z.B. KfW) für Existenzgründer zuständig sind. Diese sind dem öffentlich-rechtlichen Sektor des Drei-Säulen-Systems zugeordnet. Da die Gewinnmargen im Bereich von Existenzgründungskrediten häufig eher gering ausfallen, werden wir dem Rechtsanwalt Gründer empfehlen müssen, sein Anliegen bei einer Sparkasse oder einer Volksbank vorzubringen. Bei der Gründung einer Rechtsanwaltskanzlei ist das zu erwartende Investitionsvolumen voraussichtlich nicht in einem Umfang, das für eine Privatbank von Interesse wäre. Sparkassen unterstützen den potentiellen Kreditnehmer bei dem Ausfüllen der Formulare für die Förderbank und die u.U. zusätzlich einzuschaltende Bürgschaftsbank, die gegen ein Entgeld den Ausfall des Engagements absichert (zu Gunsten der Förderbank). Durch den Staatsauftrag der Sparkassen ohne das primäre Geschäftsziel der Gewinnmaximierung, ist dieser Weg wohl der erfolgversprechendste. Ausnahmen bestätigen natürlich auch in dieser Aufgabe die Regel (z.B. könnte der Gründer bereits Kunde einer Privatbank sein, es sich um ein sehr großes Investitionsvolumen handeln und/oder eine nahe Gewinnerwartung im Raume stehen). Sollte Rechtsanwalt Gründer mit einem großen Team starten wollen (z.B. bei einem Spin-Off einer ganzen Abteilung aus einer Großkanzlei) und damit das Investitionsvolumen größer sein, kommt u.U. auch der Weg über seine zuständige Landesbank in Betracht.

Praxishinweis: *Es empfiehlt sich, bei Investitionsvorhaben (z.B. Gründung) zunächst bei der eigenen* Hausbank *anzufragen. Danach erst sollte man einen Drittanbieter in Betracht ziehen. Aber Vorsicht, wird eine Kreditanfrage abgelehnt, kann dies u.U. die Erfolgsaussichten bei einer anderen Bank verringern (elektronische Archivierung/Zusammenarbeit zwischen Banken). Auch sollte man beachten, dass bei der SCHUFA (Schutzgemeinschaft für allgemeine Kreditsicherung) Holding AG in Wiesbaden eine Anfrage zur Kreditwürdigkeit gestellt wird. Es kommt mitunter vor, dass man bei der SCHUFA einen negativen Eintrag hat, obwohl man davon nichts weiß (z.B. wegen einer Auseinandersetzung mit einem Mobilfunkanbieter). Es besteht allerdings ein Auskunftsrecht gegenüber der SCHUFA mit einem damit verbundenen Anspruch auf Löschung fehlerhafter Einträge (*Bundesdatenschutzgesetz*, BDSG).*

Leitsatz 2

Drei-Säulen-System

Strukturell setzt sich der **Bankenmarkt** aus den Genossenschaftsbanken, den öffentlich-rechtlichen Instituten und den Privatbanken zusammen. Diese Aufteilung des Marktes wird als das **Drei-Säulen-System** bezeichnet.

Lektion 2: Bankgeschäfte

Bei den Bankgeschäften unterscheidet man zwischen dem Außengeschäft eines Kreditinstituts, dem Interbankengeschäft und der Refinanzierung.

Task 2
Überlegen Sie sich zunächst, welche verschiedenen Arten von Bankgeschäften Sie kennen? Denken Sie an Ihre Teilnahme am Geschäftsverkehr, dann sollten Ihnen genug Geschäfte einfallen, die Ihre Hausbank für Sie bereits in der Vergangenheit getätigt hat.

Zunächst lässt sich eine Dreiteilung des Tasks in folgende Kategorien vornehmen:

- Finanzierung
- Investment/Geldanlage
- Zahlungsverkehr

An dieser Aufteilung orientiert sich daher auch die Struktur des vorliegenden Buches. Die Bankenaufsicht ist wie ein Regenschirm über sämtliche Bereiche aufgespannt. Sie dient dem Schutz sowohl des funktionierenden Bankwesens (volkswirtschaftliche Komponente), als auch dem Schutz der verschiedenen Marktteilnehmer. Allerdings lassen sich diese Kategorien nochmals in kleinere Aufgabengebiete aufteilen. Die nachfolgende Übersicht gibt einen Überblick über die Aufteilung dieser drei Blöcke, in verschiedene Geschäftsarten. Die Bankenaufsicht ist in diesen Geschäften nicht aufgeführt. Die Aufsicht erstreckt sich vielmehr über alle genannten Geschäftsbereiche. Bei der nachfolgenden Aufteilung bzw. Aufzählung sollte man allerdings beachten, dass hier der Kernbereich der Bankgeschäfte dargestellt wird. Heute agieren Kreditinstitute unter Konzerngesichtspunkten als Finanzdienstleister, die auch viele Nebenprodukte anbieten. Der (gescheiterte) Versuch durch die Versicherungsgesellschaft Allianz SE, die Dresdner Bank zu integrieren, um Synergieeffekte zu heben, ist hierfür ein gutes Beispiel.

Grundlagen des Bankwesens

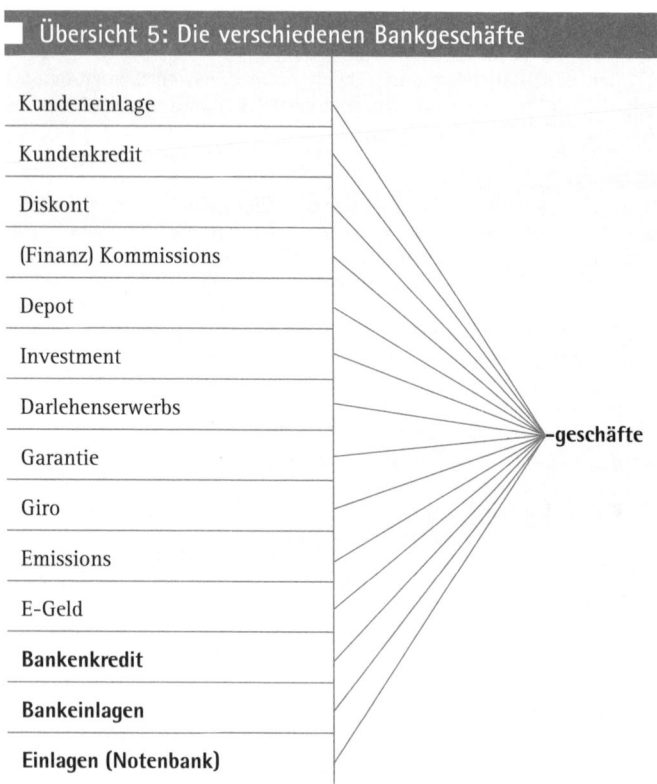

Übersicht 5: Die verschiedenen Bankgeschäfte

- Kundeneinlage-geschäfte
- Kundenkredit-geschäfte
- Diskont-geschäfte
- (Finanz) Kommissions-geschäfte
- Depot-geschäfte
- Investment-geschäfte
- Darlehenserwerbs-geschäfte
- Garantie-geschäfte
- Giro-geschäfte
- Emissions-geschäfte
- E-Geld-geschäfte
- **Bankenkredit-geschäfte**
- **Bankeinlagen-geschäfte**
- **Einlagen (Notenbank)-geschäfte**

Die drei fett abgesetzten Geschäftsarten sind nicht Teil des sogenannten Außengeschäfts eines Kreditinstituts (hierbei handelt es sich um alle Geschäfte, die ein Kreditinstitut mit einem Verbraucher oder einem Unternehmen abwickelt). Bei dem Kreditgeschäft gegenüber anderen Kreditinstituten und dem Einlagengeschäft gegenüber anderen Kreditinstituten handelt es sich um das Interbankengeschäft. Bei dem Einlagengeschäft gegenüber der Notenbank handelt es sich um die Refinanzierung. Durch die Refinanzierung fließt Bargeld in die Marktwirtschaft ein. Die

Notenbank (auch Zentralbank genannt) überlässt dem Kreditinstitut Bargeld, das dieses wieder zu einem späteren Zeitpunkt zurückzahlen muss. In Deutschland ist das die Deutsche Bundesbank in Frankfurt am Main. Den nationalen Zentralbanken ist in Europa die Europäische Zentralbank (EZB) übergeordnet.

Task 3
Versuchen Sie nun, diese Begriffe mit Leben zu füllen und sich kurze einprägsame Definitionen zu überlegen.

In der nachfolgenden Übersicht werden kurze Definitionen zu den einzelnen Aufgaben für den Task 3 zugeordnet, gleichen Sie Ihre Lösung mit den hier gelieferten Definitionen ab. Der freie Platz soll verdeutlichen, dass eigene Ergänzungen für die Definitionen aus der Übersicht von Ihnen erwünscht sind.

Übersicht 6: Kurze Definitionen der Geschäftsarten

Einlagengeschäft	Annahme fremder Gelder, mit und ohne Zinsvergütung
Kreditgeschäft	Gewährung von Gelddarlehen und Akzeptkrediten
Diskontgeschäft	Ankauf von Wechseln und Schecks
(Finanz-)Kommision	Anschaffung, Veräußerung von Finanzinstrumenten
Depotgeschäft	Verwahrung, Verwaltung von Wertpapieren
Investmentgeschäft (Kapitalanlagegeschäft)	Geschäfte nach dem KAGB

Darlehenserwerbsgeschäft	Darlehenskauf vor Fälligkeit
Garantiegeschäft	Bürgschaften, Garantien und sonstige Gewährleistungen
Girogeschäft	Abrechnungsverkehr und bargeldloser Zahlungsverkehr
Emissionsgeschäft	Übernahme von Finanzinstrumenten (od. Garantien)
E-Geld-Geschäft	Ausgabe, Verwaltung elektronischen Geldes
Kreditgeschäft (Interbanken)	Kredite an andere Kreditinstitute
Einlagengeschäft (Interbanken)	Einlagengeschäfte mit anderen Kreditinstituten
Einlagengeschäft (Refinanzierung)	Bargeldüberlassung durch Zentralinstitut

Leitsatz 3

Kategorien der Bankgeschäfte

Bankgeschäfte lassen sich in die drei Kategorien: **Finanzierungsgeschäfte, Investment-/Geldanlagegeschäfte** und den **Zahlungsverkehr** aufteilen. Diese Kategorien können wiederum in **vierzehn eigene Geschäftsarten** untergliedert werden.

Das Darlehen stellt den übergeordneten Begriff (§§ 488 – 490 BGB) gegenüber dem Kredit dar. Darlehen können auch nicht in Geld, sondern in vertretbaren Sachen gewährt werden. Ein Darlehen kann also auch in Form von Getreide, Wertpapieren oder Zucker erfolgen.

Lektion 3: Kreditwesengesetz (KWG)

Das Kreditwesengesetz (KWG) ist für Institute und Institutsgruppen anzuwenden, wobei unter einem Institut, das Kreditinstitut und das Finanzdienstleistungsinstitut verstanden werden. Die Intention des Gesetzes ist auf der einen Seite, die Sicherung und Erhaltung der Funktionsfähigkeit der Kreditwirtschaft zu gewährleisten. Auf der anderen Seite wird bezweckt, die Gläubiger von Kreditinstituten vor dem Verlust ihrer Einlagen zu schützen. Für ein tieferes Verständnis über das Kreditwesengesetz empfiehlt es sich, ergänzende Verordnungen wie die Solvabilitätsverordnung, die Liquiditätsverordnung und die Verordnung über die Erfassung, Bemessung, Gewichtung und Anzeige von Krediten im Bereich der Großkredit- und Millionenkreditvorschriften des Gesetzes über das Kreditwesen (GroMiKV) heranzuziehen.

Die nachfolgende Übersicht soll drei wesentliche Aufgaben der Kreditaufsicht strukturiert darstellen.

Übersicht 7: Kreditwesengesetz

Kreditwesengesetz (KWG)

Erfassung von Risiken:	Anzeigepflichten:	Ablauf- und Aufbauorganisation:
§§ 10, 13, 14 KWG Ausfallrisiko	§ 44 KWG Generelle Auskunftspflicht	§§ 13 Abs.2, 13a Abs. 2, 18, 33 KWG Ablauforganisation
§ 10 KWG Marktrisiko	§ 10 KWG Solvabilitätsauskunft	§ 25a KWG Aufbauorganisation
§ 11 Liquiditätsrisiko	§ 11 KWG Liquiditätsauskunft	
§§ 10, 13 Abs. 2, 15, 17, 18, 25a, 32 Abs.1 KWG Operationelles Risiko	§§ 13, 13a KWG Großkrediteauskunft	
§§ 23, 23a, 39, 40 KWG Informationsrisiko	§§ 25, 26 KWG Monatsausweise, Jahresabschlüsse	
	§§ 12a, 14, 24 KWG Auskunft bei besonderen Anlässen	

Task 4

Was ist ein Kreditinstitut aus Sicht des KWG? Arbeiten Sie sich anhand des Gesetzes eigenständig eine Definition heraus.

Gemäß § 1 des Kreditwesengesetzes (KWG) ist das Kreditinstitut definiert als ein Unternehmen das Bankgeschäfte gewerbsmäßig oder in einem Umfang betreibt, der einen in kaufmännischer Weise eingerichteten Geschäftsbetrieb erfordert.

Die formalistische Definition ist insbesondere für die Aufsichtsbehörde BaFin relevant. Je nach Geschäftsumfang muss eine entsprechende Lizenz beantragt werden (z.B. die sogenannte Vollbanklizenz, um alle üblichen Geschäfte einer Bank anbieten zu können).

In den letzten Jahren kam es immer wieder zu Anpassungen des KWG, die den verschiedenen „Finanzkrisen" geschuldet waren. Daneben sorgen Europäische Verordnungen und Richtlinien für einen kontinuierlichen Anpassungsbedarf.

II. Rechtliche Grundlagen der Finanzierung

Lektion 4: Kunden, Finanzierungen, Kreditverträge

Grundlagen

Um sich den Grundlagen der Finanzierung zu widmen, sollte man zunächst die beiden großen Kundensegmente der Kreditinstitute abgrenzen. Hierbei handelt es sich um Verbraucher und Unternehmen.

Task 5
Nehmen Sie sich das BGB zur Hand und versuchen Sie kurz anhand der §§ 13, 14 BGB zu bestimmen, wo die wesentlichen Unterschiede zwischen Verbrauchern und Unternehmern liegen (auch im privaten Bereich hatten Sie sicherlich bereits mit Unternehmen zu tun. Versuchen Sie sich ins Gedächtnis zu rufen, wie solche Geschäfte abgelaufen sind). Notieren Sie sich Ihre Lösung.

Grundsätzlich gilt es bei der Fremdfinanzierung – also der Ausstattung eines Schuldners bzw. Kreditnehmers mit finanziellen Mitteln durch einen Gläubiger bzw. Kreditgeber – zu unterscheiden, ob es sich beim Schuldner um einen Verbraucher nach § 13 BGB handelt oder aber um einen Unternehmer nach § 14 BGB, da der Kredit an einen Verbraucher anderen rechtlichen Bestimmungen unterliegt, als der Kredit an einen Unternehmer. Dies heißt für Task 5, dass es für die Abgrenzung auf die Motivation/Zielrichtung einer Handlung ankommt. Ob also die Tätigkeit auf Dauer ausgerichtet ist, um sich daraus eine Einnahmequelle zu verschaffen.

Der wesentliche Unterschied ist also die Motivation der ausgeführten Rechtsgeschäfte. Führe ich das Rechtsgeschäft für private Zwecke durch, werde ich aus juristischer Sicht u.U. anders behandelt, als wenn ich dasselbe Geschäft für meinen Gewerbebetrieb ausführe. Hintergrund vieler Bestimmungen, die Verbraucher schützen bzw. höhere Auflagen für Unternehmen vorsehen ist, dass der Gesetzgeber davon ausgeht, dass eine natürliche oder juristische Person, die ein Geschäft gewerblich ausführt, mehr Fachwissen und Erfahrung hierfür vorzuweisen hat.

Leitsatz 4

Verbraucher und Unternehmer

Definition Verbraucher:
Verbraucher im Sinne des § 13 BGB ist jede natürliche Person, die ein Rechtsgeschäft **weder** zu gewerblichen noch zu selbstständig beruflichen Zwecken abschließt.

Definition Unternehmer:
Gemäß § 14 BGB ist ein Unternehmer im Gegensatz zu einem Verbraucher eine natürliche oder juristische Person, die ein Rechtsgeschäft in Ausübung ihrer **gewerblichen** oder **selbstständigen** beruflichen Tätigkeit ausführt.

Motivation für eine Finanzierung

Im Rahmen von Finanzierungen kann eine Vielzahl von Vertragsformen eine Rolle spielen. So könnte man etwa einen Gesellschaftervertrag einer GbR, der auch die Ausstattung mit Eigenkapital durch mehrere Gesellschafter zum Gegenstand hat, durchaus als Vertrag im Rahmen der Finanzierung des Unternehmens sehen. Bei Unternehmen wird häufig danach abgegrenzt, ob die zur Finanzierung stammenden Mittel aus dem Unternehmen selbst oder von Dritter-Seite (außerhalb des Unternehmens) stammen.

Bei der Fremdkapitalfinanzierung kommen neben Darlehensverträgen auch wesentlich komplexere Vertragsformen vor, so etwa stille Beteiligungsverträge oder die Bereitstellung von Mezzanine-Kapital (wird in der Lektion zu den Sonderfinanzierungsformen definiert und erklärt).

Allgemein handelt es sich oft um umfassende Vertragswerke die u.a. folgende Aspekte der Finanzierung beinhalten müssen:

▶ Finanzielle Leistungsbedingungen (Finanzierungssumme und Zinsen)

▶ Auszahlungsmodalitäten

- Auf Finanzdaten des Kreditnehmers bezogene Verpflichtungen (sog. Covenants, s.u.)

Leitsatz 5

Abgrenzung Außen-/von der Innenfinanzierung und von Haftungs-/und Zahlungskrediten

Außen-/Innenfinanzierung

Innenfinanzierung bedeutet eine Finanzierung mit Mitteln, die aus dem **Unternehmen selbst** stammen und dem Unternehmen **nicht** von außen zugeführt werden, während bei der Außenfinanzierung dem Unternehmen Kapital aus **unternehmensexternen Quellen** zur Verfügung gestellt wird.

Haftungs-/Zahlungskredit

Von den Zahlungskrediten bei denen der Darlehensbetrag an den Kreditnehmer ausgezahlt wird, unterscheidet man die Haftungskredite, bei denen ein Kreditinstitut sich verpflichtet, **Verbindlichkeiten** eines Kreditnehmers zu erfüllen, wenn dieser selbst dazu nicht in der Lage sein sollte.

EU-Einfluss

Im Rahmen der rechtlichen Grundlagen steht im Hintergrund zu deutschen Regelungen immer der Gedanke der Vollharmonisierung des Europäischen Rechts im Bereich des Zahlungsverkehrs und des Verbraucherrechts (Zahlungsdienste-Richtlinie, Verbraucherkredit-Richtlinie). Die Regelungen zum Zahlungsverkehr finden sich in den §§ 675 ff. BGB. Es handelt sich dem Grundsatz nach um einen Geschäftsbesorgungsvertrag.

Praxishinweis: *Zu beachten ist, dass durch die Umsetzung der Zahlungsdienste-Richtlinie, nicht mehr der Namensgrundsatz bei Überweisungen gilt. Dies bedeutet, dass ein Zahlendreher teure Folgen haben kann, ein Namensabgleich erfolgt nicht, bzw. ist nicht mehr gesetzlich vorgeschrieben.*

Task 6

Versuchen Sie sich anhand der bereits gemachten Ausführungen und Ihrem Verständnis für wirtschaftliche Zusammenhänge, die verschiedenen

Arten der Finanzierung graphisch darzustellen. Eine Lösungshilfe finden Sie in der nachfolgenden Übersicht 8.

Übersicht 8: Finanzierungsarten

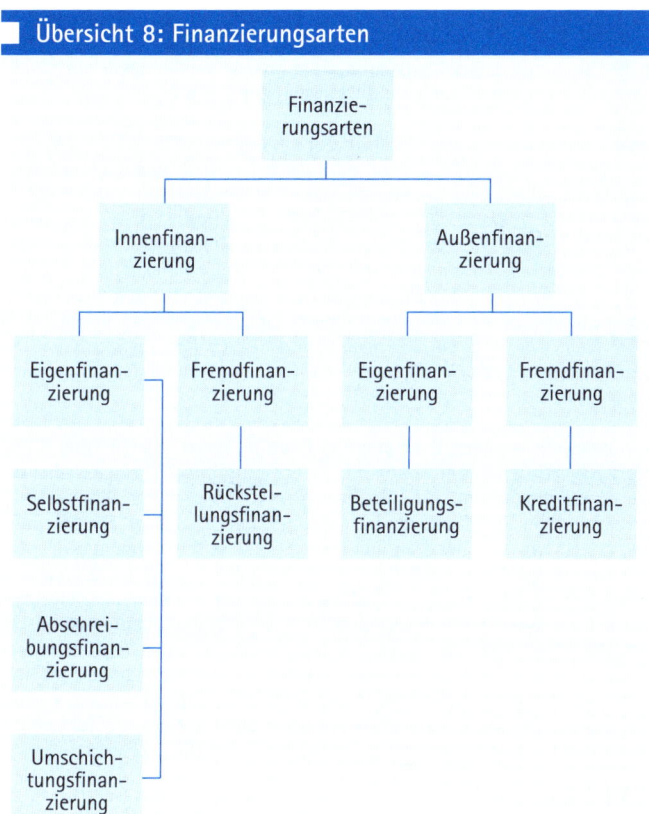

Kreditvertrag

Task 7
Was ist ein Kreditvertrag?

Ausgehend von dieser Fragestellung blättern Sie doch einmal im Inhaltsverzeichnis des BGB nach §§, die einschlägig sein könnten.

Praxishinweis: Es empfiehlt sich auch immer ein Blick ins Sachregister. Sowohl bei Gesetzestexten als auch bei juristischen Kommentaren kann dies sehr hilfreich sein, um sich einer Fragestellung erstmalig zu nähern. Das Bankdarlehen, auch Bankkredit genannt, ist die klassische Form der Fremdfinanzierung in Deutschland. Bei einem Darlehen überlässt der Darlehensgeber (Bank) dem Darlehensnehmer (Unternehmen/Verbraucher) Geld und erhält dafür im Gegenzug ein Entgelt (Zinsen). Sofern es sich bei dem Darlehensnehmer um ein deutsches Unternehmen/Verbraucher handelt, ist für gewöhnlich deutsches Recht maßgeblich. Der Darlehensvertrag bezüglich eines Gelddarlehens wird im deutschen Recht im BGB in den Paragrafen 488 ff. geregelt.

Kommen wir auf Task 7 zurück. Der Darlehensvertrag stellt einen Konsensualvertrag dar, d.h. er kommt mit der Einigung der Parteien über die Vertragsbedingungen zustande. Er begründet ein Dauerschuldverhältnis zwischen dem Darlehensnehmer und dem Darlehensgeber. Die Mindestvoraussetzung für einen Darlehensvertrag – die essentialia negotii – sind die Einigung auf eine Darlehenssumme und auf einen Zinssatz. Weitere Vertragsbedingungen – die accidentialia negotii – können die Laufzeit, die Rückzahlungsmodalitäten, anfallende Gebühren und auf Finanzdaten des Darlehensnehmers bezogene Verpflichtungen (Covenants) betreffen. Sicherheiten, die der Darlehensnehmer, also das Unternehmen/der Verbraucher, der Bank stellt, etwa durch Sicherheitsübereignungen, werden nicht durch den Darlehensvertrag, sondern durch einen sog. Sicherungsvertrag (Vertrag eigener Art im Sinne des § 311 I BGB) gewährt.

Task 8
Welche Zeiträume würden Sie kurzfristigen, mittelfristigen und langfristigen Kreditengagements zuordnen?

Nach den verschiedenen Vertragsbedingungen lassen sich Darlehen in verschiedene Kategorien einteilen. Bei Verträgen mit einer Laufzeit von weniger als einem Jahr spricht man von kurzfristigen Darlehen. Mittelfristige Darlehen laufen über ein bis drei Jahre, während Darlehen mit einer Laufzeit von vier und mehr Jahren als langfristige Darlehen bezeichnet werden. Bei Darlehen zur Unternehmensfinanzierung sind Laufzeiten von drei bis fünf Jahren üblich, bei fremdfinanzierten Unternehmenskäufen liegen die Laufzeiten zwischen acht und zehn Jahren. Task 8 lässt sich somit nicht mit exakten Zahlen beantworten. Vielmehr sind für die Kategorisierung Zeiträume ausschlaggebend.

Hinsichtlich der Rückzahlungsmodalitäten unterscheidet man Annuitäten-, Tilgungs- und endfällige Darlehen. Bei ersteren wird eine konstante Rate zurückgezahlt, wobei der Zinsanteil sinkt und der Tilgungsanteil steigt. Annuitätendarlehen werden häufig bei der Immobilienfinanzierung verwendet. Bei den Tilgungsdarlehen hingegen bleibt der Tilgungsanteil konstant, so dass bei sinkendem Zinssatz auch die Rückzahlungsrate sinkt. Bei den endfälligen Darlehen werden in der Laufzeit nur die Zinsen und am Ende der vollständige Darlehensbetrag zurückgezahlt.

Auskünfte bei Finanzierungsanfragen

Task 9
Haben Sie sich schon einmal gefragt, wer alles wie viel von Ihnen weiß? Bei einem Kreditantrag sind verschiedenste Angaben zu machen, können Sie sich vorstellen welche?

Kreditverträge, wie sie hier beschrieben wurden, enthalten immer auch Informationspflichten. Der Kreditnehmer ist dazu verpflichtet, der kreditgebenden Bank Informationen über wichtige Kennzahlen zukommen zu lassen, wie etwa der Liquidität. Regelmäßig verpflichtet sich der Kreditnehmer auch zur Einhaltung gewisser Verhaltensweisen, etwa bezüglich des Unternehmensvermögens oder der wirtschaftlichen Identität. Darüber hinaus sind in den letzten Jahren immer öfter auch Auflagen zur Einhaltung gewisser Bilanzrelationen oder fester Finanzkennzahlen, die sog. Covenants, Teil von Fremdfinanzierungsverträgen und somit auch von Darlehensverträgen geworden. Solche Financial Covenants stellen Kreditvereinbarungsklauseln dar und treffen etwa Vorgaben in Bezug auf die Eigenkapitalausstattung, den Verschuldungsgrad, die Gesamtkapitalrentabilität, einen minimalen Cash-Flow oder den Deckungsgrad für das Anlagevermögen. Die Nichteinhaltung der Covenants durch den Kreditnehmer kann je nach Vertragsgestaltung zu einem höheren Zinssatz oder zu einem Sonderkündigungsrecht für den Kreditgeber führen. Es besteht also für ein Unternehmen die Gefahr, durch zu enge und weitgehende Vereinbarungen, in zu große Abhängigkeit von der kreditgebenden Bank zu gelangen. Gerade die Covenants lassen sich oft nur schwer verständlich formulieren. Hätten Sie beim ersten Lesen von Task 9 angenommen, dass die Informationspflichten derart umfangreich sind. Bei Verbrauchern werden solche Auskünfte an die SCHUFA weitergegeben und dort gespeichert (sog. SCHUFA-Klausel).

Praxishinweis: *Bei der Vertragsformulierung gilt es daher folgende Punkte zu beachten:*
1. *Der Vertrag sollte möglichst verständlich formuliert sein.*
2. *Die Leistungsverpflichtungen von Kreditgeber und Kreditnehmer, sowie die Regeln über die Kündigung des Vertrages müssen klar herausgearbeitet werden.*
3. *Komplexe Vertragsteile sollten durch Zahlenbeispiele verdeutlicht werden.*
4. *Die Dokumentation sollte einheitlich sein.*
5. *Ein ungeprüftes Übernehmen von „Standarddokumenten" sollte vermieden werden.*
6. *Die zugrunde liegenden Rechtsordnungen sollten allen Vertragsparteien bekannt sein.*
7. *Eine Überlagerung von Rechtsordnungen birgt zusätzliche Risiken und sollte daher vermieden werden.*

In steuer- und bilanzrechtlicher Hinsicht gilt es zu bedenken, dass ein Darlehen dem Kreditgeber keine mitgliedschaftlichen Rechte am Unternehmen des Kreditnehmers eröffnet, es erwächst allein ein Anspruch auf Rückzahlung und Verzinsung (§ 488 Abs. 1 BGB). Der Kreditnehmer muss das Darlehen in seiner Bilanz als Verbindlichkeit – sei es gegenüber Kreditinstituten, verbundenen Unternehmen oder als sonstige Verbindlichkeit – ausweisen (§§ 246 Abs. 1, 266 Abs. 3 C 2, 6, 7, 8 HGB).

Trotz der geschäftspolitischen Neuausrichtung vieler Kreditinstitute auch im Rahmen der diversen Finanzkrisen und trotz der Einführung von Basel, auf das unten näher eingegangen wird, kann man sagen, dass das klassische Bankdarlehen in Deutschland noch immer die vorherrschende Form der Fremdfinanzierung darstellt. Das liegt zum einen in der großen Flexibilität dieses Instruments begründet und zum anderen in der traditionell starken Hausbankbindung vieler deutscher Unternehmen und Privatpersonen. Die wichtigsten rechtlichen Grundlagen für den Darlehensvertrag, der einer solchen Finanzierung zu Grunde liegt, finden sich im BGB. Die folgende Tabelle zeigt die wesentlichen Kriterien, nach denen man Kredite einteilen kann.

Übersicht 9: Kriterien des Darlehensvertrags

Kriterium	Erklärung
Zweck der Finanzierung	Akquisitionsfinanzierung Investitionsfinanzierung Immobilienfinanzierung Betriebsmittelkredite Konsumkredite
Laufzeit	Kurz-, mittel- oder langfristige Kredite
Bonität des Kreditnehmers	Wird entweder über internes oder **externes Rating** festgelegt oder aber über den sog. **Verschuldungsgrad** (Verschuldung/operatives Ergebnis) festgelegt
Besicherung	Ob Sicherheiten zu bringen sind oder nicht, hängt von der **Bonität** des Kreditnehmers und von den zu finanzierenden Investitionen ab. Die Besicherung kann die Kreditkonditionen für den Kreditnehmer positiv beeinflussen
Kreditzusage	Laufzeitkredite (Term Loan Facilities) Revolvierende Kredite (Revolving Credit Facilities)
Verzinsung (Nominalzinssatz/ Effektiver Zinssatz)	Fester Zinssatz Veränderlicher Zinssatz (dieser richtet sich bei Krediten in Euro dann meist nach dem **EURIBOR**, zuzüglich einer Marge und anfallenden weiteren Kosten)
Anzahl der Kreditgeber	Man unterscheidet zwischen Krediten mit einem Kreditgeber und syndizierten Krediten (Konsortialkrediten), mit mehreren Kreditgebern

Der EURIBOR (Euro Interbank Offered Rate) ist wie der LIBOR (London Interbank Offered Rate) ein festgelegter Referenzsatz.

Von den Zahlungskrediten, wie sie oben beschrieben sind, unterscheidet man die Haftungskredite (auch Avalkredit oder Kreditleihe genannt). Dabei handelt es sich um eine spezielle Kreditart, bei der ein Kreditinstitut sich verpflichtet, Verbindlichkeiten eines Kreditnehmers zu erfüllen, wenn dieser selbst dazu nicht in der Lage sein sollte.

Sonderkredite in Form von Haftungszusagen

Rechtlich handelt es sich bei den Haftungskrediten weder in vertragsrechtlicher noch in steuerrechtlicher Hinsicht um Darlehensverträge nach §§ 488 ff. BGB. Vielmehr liegt, je nach Vertragsformulierung, eine Bürgschaft oder eine Garantie vor.

■■■ Task 10
Was ist der Unterschied zwischen einer Bürgschaft und einer Garantie? Versuchen Sie sich anhand der Regelungen über die Bürgschaft §§ 765–778 BGB eine Lösung zu erarbeiten. Für die Garantie legen Sie zu Grunde, was Sie aus dem Alltag von dem Wort „Garantie" wissen (z.B. beim Warenkauf).

Eine Bürgschaft ist akzessorisch, sie besteht also nur solange, wie die Hauptschuld besteht, d.h. solange der Kreditnehmer zur Zahlung an seinen Gläubiger verpflichtet ist. Sie wird in den §§ 765–778 BGB und §§ 349–351 HGB geregelt. Um sich Task 10 zu nähern, müssen wir uns nun die Regelungen über die Garantie anschauen. Bei der Garantie ist die Frage der Hauptschuld im Gegensatz zur Bürgschaft irrelevant, sie muss auch geleistet werden, wenn die Wirksamkeit der Verbindlichkeit des Kunden gegenüber dem Gläubiger/Garantiebegünstigten nicht gegeben ist. Die Garantie erfährt im BGB keine eigene explizite Normierung. Es handelt sich bei ihr um einen schuldrechtlichen Vertrag nach § 311 BGB, der den Vertragspartnern weitgehende Vertragsfreiheit bei der Formulierung der Inhalte überlässt.

Praxishinweis: *Bei der Berechnung des Effektivzinses (Anlage 6 zu § 6 PAngV) ist eine Restschuldversicherung zu berücksichtigen – einzige Ausnahme ist, wenn die Bank den Nachweis erbringen kann, dass sich der Verbraucher bei Vertragsabschluss freiwillig für eine (den Zins erhöhende) Restschuldversicherung entschieden hat. Dieser Beweis ist sicherlich nicht im Rahmen einer formularmäßigen Klausel im Kreditvertrag zu erbringen.*

Leitsatz 6

Darlehensvertrag

Der Darlehensvertrag ist in den Paragrafen 488 ff. BGB geregelt

Essentialia negotii: Darlehenssumme, Zinssatz

Accidentialia negotii: Laufzeit, Rückzahlungsmodalitäten, Gebühren, Covenants

Es gibt kurz-, mittel- und langfristige; Annuitäten-, Tilgungs- und endfällige Darlehen

Notwendigkeiten beim Vertragstext:

– Verständlichkeit

– Klare Leistungspflichten

– Zahlenbeispiele

– Einheitliche Dokumentation

– Bekannte Rechtsordnungen, keine Überlagerungen

Lektion 5: Kreditsicherheiten

Task 11

In Lektion 4 haben wir bereits die Begriffe und rechtlichen Grundlagen der Bürgschaft und der Garantie kennengelernt. Könnten das auch Kreditsicherheiten im engeren Sinne sein? Was für Möglichkeiten einen Kredit abzusichern fallen Ihnen noch ein.

Der Begriff der Sicherheit wird im BGB in § 232 angesprochen. Allerdings ist die Sicherheit dort nur für bestimmte Fälle definiert. In der Praxis wir der Begriff der Kreditsicherheit weiter gefasst. Unter Kreditsicherheit versteht man in der Bankbetriebslehre jedes Recht, das der Bank von einem Kreditnehmer eingeräumt wird und ihr die Durchsetzung ihrer Ansprüche aus dem Schuldverhältnis erleichtert. Die folgende Tabelle nennt und beschreibt die wichtigsten klassischen (sowie auch atypischen) Sicherheiten und beschreibt die wesentlichen rechtlichen Grundlagen hierzu.

Übersicht 10: Kreditsicherheiten

	Art der Sicherheit	Beschreibung	Rechtliche Grundlagen
Klassische Sicherheiten	Sicherungs-übereignung	Bei der Sicherungsübereignung überträgt der Kreditnehmer dem Kreditgeber ein Sicherungsgut (Maschine o.ä.). Dieses bleibt aber im Besitz des Kreditnehmers und er kann es weiter einsetzen (z.B. in der Produktion)	Begründet ein **Treuhand-verhältnis** Übereignung erfolgt nach § 929 BGB, Besitzmittlungsverhältnis nach § 868 BGB
	Sicherungs-abtretung (Sicherungs-zession)	Der Kreditnehmer tritt Forderungen gegen einen oder mehrere **(Dritt-)Schuldner** an den Kreditgeber ab. Er bleibt aber wirtschaftlich Berechtigter und verfügungsbefugt	Treuhandverhältnis **Forderungsabtretung** nach § 398 BGB

(Klassische Sicherheiten)	Pfandrechte	Pfandrechte sind beschränkte, dingliche Rechte eines Pfandgläubigers, also in unserem Fall des Kreditgebers, zur Sicherung einer Forderung. Da das Pfandrecht an **beweglichen Sachen** den Besitz der Sache erfordert, ist für solche Sachen in der Praxis die **Sicherungsübereignung** üblich. Pfandrechte hingegen werden bei der Besicherung von Anleihen oder Aktien gewährt	Pfandrecht und seine Bestellung: Geregelt in §§ 1204 ff. BGB. Für Pfandrechte an Rechten und Forderungen gelten insbesondere die §§ 1273 ff. und 1280 ff. BGB.
	Bürgschaft	Bei der Bürgschaft verpflichtet sich der Bürge gegenüber dem Kreditgeber, für einen eventuellen **Zahlungsausfall** des Kreditnehmers einzustehen	§§ 765 ff. BGB
	Grundpfandrechte (Hypothek, Grundschuld)	Der Kreditnehmer gewährt der Bank eine **dingliche Belastung** an einer Immobilie. Die Hypothek ist **akzessorisch** (das meint, dass der Sicherungsvertrag mit dem Kreditvertrag eine Einheit bildet), während die Grundschuld unabhängig von der gesicherten Forderung ist (nicht akzessorisch). Sowohl die Hypothek als auch die Grundschuld werden in das sog. **Grundbuch** eingetragen	Hypothek §§ 1113 ff. BGB, Grundschuld §§ 1191 ff. BGB.

Atypische Sicherheiten	Patronatserklärung	Eine Muttergesellschaft erklärt sich bereit, ihre **Tochtergesellschaft** finanziell so auszustatten, dass diese ihren finanziellen Verpflichtungen nachkommen kann	Erklärung muss unter Bilanzstrich nach § 251 HGB ausgewiesen werden. **Rechtliche Einstandspflicht** mit garantieähnlichem Charakter.
	Konzernhaftung	Mutterkonzern sichert der Bank einen **Verlustübernahmeanspruch** bei Ausfall des kreditnehmenden Tochterunternehmens zu	§ 18 AktG Konzernart, § 291 AktG **Beherrschungsvertrag**
	Schuldrechtliche Verpflichtung des Kreditnehmers	Der Kreditnehmer oder die Muttergesellschaft verpflichten sich, das Vermögen nicht zu verkleinern oder versprechen unter gewissen Voraussetzungen, weitere Sicherheiten zu stellen	nach allg. Grundsätzen (BGB, HGB)
	Schuldrechtliche Verpflichtung des Gesellschafters (des Kreditnehmers)	Ein Gesellschafter verpflichtet sich mit seinen Forderungen gegen die Gesellschaft (etwa aus Darlehensgewährung oder anderen Leistungen) zurückzutreten, bis die Bank ihre Forderungen vollständig befriedigen konnte	siehe oben

Leitsatz 7

Kreditsicherheit

Unter **Kreditsicherheit** versteht man in der Bankbetriebslehre jedes Recht, das der Bank von einem Kreditnehmer eingeräumt wird und ihr die Durchsetzung Ihrer Ansprüche aus dem Schuldverhältnis erleichtert. Beim Immobilienkredit wird zumeist mit einer Hypothek oder **Grundschuld** als Sicherheit gearbeitet. In der Warenwirtschaft (Kredit) wird häufig mit der **Sicherungsübereignung** und dem (verlängerten) **Eigentumsvorbehalt** gearbeitet. Zusätzlich werden bei Verbraucher oft **Lebensversicherungen abgetreten** und **Bürgschaften** von Dritten verlangt.

Praxishinweis: *Sicherheiten werden von Kreditinstituten in den seltensten Fällen zu 100 % angesetzt. Bei Immobilien wird bei einer Grundschuld z.B. mit 50 % bis 80 % gearbeitet. Dies ist der Grund, warum eine bestimmte Höhe von Eigenkapital gefordert wird. Zum einen ist dieser Umstand den möglichen Kosten bei der Vollstreckung der Sicherheit geschuldet, zum Anderen werden Marktschwankungen mit einkalkuliert.*
Auch sollte man sich immer genau den effektiven Zinssatz eines Kreditvertrages anschauen. Lockangebote mit einem auf den ersten Blick niedrig erscheinenden Zinssatz, können sich bei genauerer Prüfung als teuer herausstellen (wegen z.B. Pflichtversicherungen zum Kreditvertrag).

Lektion 6: Leistungsstörungsrecht

■ Task 12
Aber was passiert, wenn Unstimmigkeiten über den Kreditvertrag zwischen dem Kreditnehmer und dem Kreditgeber entstehen? Skizzieren Sie sich, was mögliche Fragestellungen in dieser Lektion sein könnten (auch für diese Frage ist ein Blick ins BGB ein erster Ansatzpunkt – es handelt sich schließlich um einen Vertrag).

Grundlagen nach dem BGB

Das Leistungsstörungsrecht nach dem BGB regelt Fälle, bei denen einer der Schuldner (etwa aus einem Darlehensvertrag), den durch das Schuldverhältnis erforderlichen Leistungsverpflichtungen nicht nachkommt. Task 12 zielt somit auf das Leistungsstörungsrecht im BGB ab. Die Leistungsstörungen werden im BGB in den §§ 275–304 BGB und §§ 320–326 BGB geregelt. Eine solche Leistungsstörung wird, seit der Schuldrechtsmodernisierung, auch als Pflichtverletzung bezeichnet. Pflichtverletzungen können insbesondere die Unmöglichkeit der Leistung, der Verzug oder die Schlechtleistung sein. Begeht also eine der Parteien eines Schuldverhältnisses eine solche Pflichtverletzung, kann die andere Partei, sofern die Pflichtverletzung durch den Schuldner zu vertreten ist, nach § 280 Abs. 1 BGB Schadensersatz für den entstandenen Schaden verlangen oder vom Vertrag zurücktreten (§§ 323, 324 BGB).

Bankrechtliche Relevanz

Für ein Finanzierungsschuldverhältnis und somit zur Beantwortung von Task 12 bedeutet das im Besonderen, dass Kreditgeber und Kreditnehmer die Option haben, Schadensersatz zu verlangen oder das Recht auf Rücktritt in Anspruch zu nehmen, wenn z.B. der andere Vertragspartner – etwa bei einem Darlehensvertrag – eine Pflichtverletzung begeht. Für den Kreditgeber kommt als Pflichtverletzung eigentlich nur das Nichtzurverfügungstellen der Kreditsumme in Frage. Die nachfolgende Übersicht 11 stellt die Pflichtverletzungen nochmals kurz zusammen, die für den Kreditnehmer relevant sein können.

Pflichtverletzungen

Es ist bei Pflichtverletzungen zu beachten, dass der Schuldner nach § 276 BGB Vorsatz und Fahrlässigkeit zu vertreten hat. Bei der Prüfung nach der im Verkehr erforderlichen Sorgfalt wird das Idealbild eines Menschen herangezogen (wie dieser in einer entsprechenden Situation reagieren würde).

Übersicht 11: Pflichtverletzungen

Für den Kreditnehmer können folgende **zwei Pflichtverletzungen** in Frage kommen:

▶ der **Verzug** oder die **Unmöglichkeit der Zahlung** von
  - Tilgungsraten,
  - von Zinsen,
  - von eventuell vereinbarten Gebühren,
  - dem endfälligem Darlehensbetrag und daneben

▶ die **Nicht- oder Schlechtleistungen** bei
  - den Informationspflichten oder
  - bei den oben beschriebenen Covenants

Im Rahmen von Finanzierungen kommt eine Vielzahl von Rechtsakten zustande und diese können unwirksam sein oder werden. Grund für die Unwirksamkeit kann etwa sein, wenn ein Rechtsakt gegen gesetzliche Bestimmungen verstößt. Ein für Finanzierungsverträge in Frage kommender Unwirksamkeitsgrund nach BGB ist z.B. die Sittenwidrigkeit nach § 138 (§ 138 I BGB = Verstoß gegen die Guten Sitten, § 138 II BGB z.B. Wucher). Im Zusammenhang mit einem Darlehen ist die Sittenwidrigkeit bei Wucherzinsen oder sonstigen Vertragsbedingungen, die im krassen Missverhältnis zur Gegenleistung stehen, gegeben. Liegt eine Sittenwidrigkeit vor, ist der entsprechende Vertrag unwirksam. Auch das nicht Einhalten von gesetzlichen Voraussetzungen – etwa der Schriftform bei Verbraucherkrediten, deren Erfordernis oben bereits angesprochen wurde – kann zu einer Unwirksamkeit führen. Nachfolgend werden in

Übersicht 12 die Arten und Folgen eines solchen Unwirksamen Vertrages zusammengefasst. Dies geschieht in Form eines FAQ-Katalogs (FAQ steht für Frequently Asked Questions).

Praxishinweis: *Es ist sinnvoll, sich vor einer Finanzierungsentscheidung einen Fragenkatalog zu erstellen. Typische Fragen eines solchen Katalogs könnten sein: Wozu benötige ich Cash, wann, wie möchte ich das Geld zurückführen/tilgen. Oft können sich durch eine solche Herangehensweise „falsche" Finanzierungsmethoden ausschließen lassen.*

Übersicht 12: Folgen eines unwirksamen Vertrages

Wann wird der Vertrag unwirksam?

Der entsprechende Finanzierungsakt kann von Beginn an unwirksam sein, etwa wenn er gegen eine gesetzliche Bestimmung verstößt, er kann aber auch erst später unwirksam werden.

Kann die Unwirksamkeit geheilt werden?

Die Unwirksamkeit kann dauerhafter oder aber vorübergehender Natur sein, wenn eine fehlende Voraussetzung – etwa die erwähnte Schriftform – nachgebessert werden kann.

Kann der Vertrag auch nur zum Teil unwirksam werden?

Zwar ist bei teilweiser Unwirksamkeit eines Vertrages (somit auch eines Finanzierungsvertrages) im Regelfall der gesamte Vertrag unwirksam, das gilt aber nicht wenn die Vertragsparteien den Vertrag auch ohne den unwirksamen Teil abgeschlossen hätten. Dann ist der Vertrag tatsächlich nur teilweise unwirksam.

In der Folge müssen die bereits bezahlten Beträge wechselseitig zurückbezahlt werden.

Ein möglicher Schadensersatzanspruch bleibt hiervon unbenommen.

Leitsatz 8

Leistungsstörungsrecht

Leistungsstörungen sind Pflichtverletzungen eines Schuldners im Schuldverhältnis, sie können insbesondere die **Unmöglichkeit der Leistung**, den Verzug oder die Schlechtleistung betreffen.

Die Leistungsstörungen werden im BGB in den §§ 275–304 BGB und §§ 320–326 BGB geregelt.

In der nachfolgenden Übersicht 13 werden nun die Leistungsstörungen zusammengefasst, die auf Seiten des Kreditgebers und Kreditnehmers entstehen können.

Übersicht 13: Leistungsstörungen des Kreditverhältnisses

Auf Seiten des Kreditgebers:	Auf Seiten des Kreditnehmers:
▶ Er stellt die Kreditsumme **nicht vollständig** ▶ oder **nicht rechtzeitig** zur Verfügung	▶ **Verzug** bei der **Tilgung**, – bei der Zahlung von Zinsen, – eventuell vereinbarten Gebühren oder – dem endfälligen Darlehensbetrag ▶ und daneben ggf. die **Verletzung** von **Informationspflichten** oder den Covenants (**Kreditklauseln**)

Lektion 7: Unternehmen als Kreditnehmer

Bei der Frage nach der optimalen Finanzierung, also der Deckung des Kapitalbedarfs eines Unternehmens, müssen alle relevanten Aspekte geprüft und berücksichtigt werden. Daher ist es wichtig, vor Klärung der eigentlichen Entscheidungsparameter, einige Grundlagen zu besprechen. Entscheidend für die spätere Kapitalausstattung eines Unternehmens ist die gewählte Rechtsform, da sie etwa das Verhältnis von Eigenkapital zu Fremdkapital festlegt und außerdem weitere gesellschaftsrechtliche sowie steuerrechtliche Konsequenzen nach sich zieht. Im Folgenden sollen daher die verschieden Gesellschaftsformen und ihre Erfordernisse behandelt werden.

Gesellschaftsformen lassen sich unterteilen in:

▶ Personengesellschaften

▶ Kapitalgesellschaften

Die untenstehende Tabelle zeigt die wichtigsten Gesellschaftsformen und die zugehörigen rechtlichen Normen.

Übersicht 14: Gesellschaftsformen

Personengesellschaften	Kapitalgesellschaften	
Gesellschaft bürgerlichen Rechts (GbR), §§ 705 ff. BGB	**Aktiengesellschaften** (AG), AktG **Europäische Gesellschaft** (SE)	
Offene Handelsgesellschaft (OHG), §§ 110–122 HGB	**Kommanditgesellschaft auf Aktien** (KGaA), AktG HGB	**Genossenschaft**, GenG
Kommanditgesellschaft (KG), §§ 161–177a HGB	**Gesellschaft mit begrenzter Haftung** (GmbH), GmbHG **Unternehmergesellschaft** (haftungsbeschränkt), (die sog. Mini-GmbH) GmbHG	

GmbH & Co. KG, §§ 161 – 177a HGB	**Limited** (Ltd.) Form der Aktiengesellschaft im Vereinigten Königreich, Irland und Kanada
Partnergesellschaften PartG	**Mischform mit beschränkter Haftung**, PartGmbB
Europäische Wirtschaftliche Interessenvereinigung (EWIV), EWIV-Ausführungsgesetz	

Für die verschiedenen Gesellschaftsformen gelten auch verschiedene Voraussetzungen für die Ausstattung des Unternehmens mit Eigenkapital. Bevor diese näher beleuchtet werden sollen, muss hier noch kurz auf die gesellschaftsrechtliche Definition von Eigenkapital eingegangen werden:

Abgrenzungsarten

Eine formale Abgrenzung von Fremd- und Eigenkapital danach, wer als Kapitalgeber auftritt, also Gesellschafter einerseits und Dritte andererseits, ist nicht immer ausreichend, wie das Beispiel der sog. Gesellschafterdarlehen zeigt. Bei diesen tritt ein Gesellschafter dem Unternehmen quasi wie ein Dritter gegenüber auf.

Folgende materielle Definition von Eigenkapital soll daher zugrunde gelegt werden:

Eigenkapital wird von den Gesellschaftern zur Verfügung gestellt, es ist an die Gesellschaft gebunden, kann nicht wie ein Kredit gekündigt werden und es haftet für die Gesellschaftsverbindlichkeiten.

Task 13
Versuchen Sie sich anhand der oben genannten Paragrafen über die wichtigsten Gesellschaftsformen GbR, OHG, KG, GmbH und AG einen Überblick zu verschaffen. Fragen, die Sie sich hierbei stellen sollten:

Welche finanziellen Mittel brauche ich um eine solche Gesellschaft zu gründen?

Wie ist eine solche Gesellschaft strukturiert (Gesellschafter, Organe usw.)?

Kommen wir zunächst zur rechtsformspezifischen Ausstattung mit Eigenkapital und zur Haftung. Grundsätzlich lässt sich sagen, dass bei allen Gesellschaftsformen bei denen die Haftung für Schulden auf das Gesellschaftsvermögen beschränkt ist, eine Mindestausstattung mit Eigenkapital aufweisen müssen (Ausnahmen: Verein, Unternehmergesellschaft, Limited). Wenn die Gesellschafter hingegen ganz oder teilweise für Verbindlichkeiten der Gesellschaft persönlich haften, schreibt das Gesetz keine Mindestausstattung vor.

Kapitalgesellschaftliche Finanzausstattung

Bei den Kapitalgesellschaften gibt es normative Anforderungen an die Ausstattung mit Eigenkapital. In Task 13 wurde die Frage nach der Höhe von Gründungskosten aufgeworfen. Die Aktiengesellschaft (AG) sowie die Kommanditgesellschaft auf Aktien (KGaA) erfordern ein Eigenkapital von mindestens 50.000 € (§ 7 AktG). Dieses Kapital wird als Grundkapital bezeichnet (§ 1 Abs. 2 AktG). Bei der GmbH muss das Stammkapital mindestens 25.000 € betragen (§ 5 GmbHG). Wenn die Stammkapitalausstattung erfolgt ist, entfällt bei der GmbH und der AG damit die persönliche Haftung der Gesellschafter mit ihrem Privatvermögen gegenüber Gläubiger der Kapitalgesellschaft (§ 1 Abs. 1 AktG; § 13 Abs 2. GmbHG).

Personengesellschaftliche Finanzausstattung

Bei den Personengesellschaften gibt es hingegen keine derartigen normativen Anforderungen, da der Gläubigerschutz durch die persönliche Haftung der Gesellschafter gesichert ist. Die Gesellschafter der OHG, der Partnergesellschaft sowie der europäischen wirtschaftlichen Interessenvertretung haften unbeschränkt mit ihrem Privatvermögen (§128 HGB, § 8 Abs. 1 PartG, § 1 EWIV-Ausführungsgesetz). Bei der Kommanditgesellschaft sowie der Kommanditgesellschaft auf Aktien gilt es zu beachten, dass nur die persönlich haftenden Gesellschafter (Komplementäre) unbegrenzt haften, während die Kommanditisten auf ihre Einlage beschränkt bleiben (§§ 128, 161 HGB, § 278 AktG). Bei der Gesellschaft bürgerlichen Rechts (GbR) fehlt zwar eine explizite Norm, die die Haftung der Gesellschafter festlegt, es ist aber höchstrichterlich geklärt und somit Rechtspraxis, dass die Gesellschafter akzessorisch für die Schulden der GbR haften.

Eine Ausnahme bildet die GmbH & Co. KG. Bei dieser Mischform aus Kapital- und Personengesellschaft müssen die Anforderungen beider Rechtsformen beachtet werden. Die Komplementär-GmbH muss ein Stammkapital von 25.000 € haben, während die Kommanditisten Ihre Einlagen frei wählen können.

Für die Gesellschaftsformen mit vorgeschriebener Mindestkapitalausstattung ist auch die Eigenkapitalsicherung vorgeschrieben. Besonders streng ist diese Eigenkapitalsicherung für die Aktiengesellschaft festgelegt, da eine strenge Kapitalbindung besteht, d.h. es darf nur der Bilanzgewinn ausgeschüttet werden und eine Auszahlung der Einlagen ist, abgesehen von einer Kapitalherabsetzung, nicht erlaubt (§§ 56ff. AktG). Bei der GmbH hingegen ist nur das Vermögen gesichert, dass zur Deckung des Stammkapitals benötigt wird, sprich verboten sind nur Auszahlungen, die zu einer Unterbilanzierung oder Überschuldung führen (§§ 30,31 GmbHG). Über die Vorgaben zur Ausstattung mit Stammkapital und der Sicherung von Eigenkapital hinaus gibt es keine Pflicht der Gesellschafter zur angemessenen Kapitalausstattung, d.h. es besteht keine Verpflichtung die Höhe des (Eigen-)Kapitals dem Geschäftszweck der Gesellschaft anzupassen. Diesen Mangel einer Regelung bzgl. Rechten bei einer Haftungsgrundlage für die materielle Unterkapitalisierung der Gesellschaft kompensiert das deutsche Recht durch die Pflicht des rechtzeitigen Insolvenzantrags und die Möglichkeit der Umqualifizierung von Gesellschafterdarlehen von Fremd- zu Eigenkapital. In Task 13 wurde nach den gesetzlichen Grundlagen der Gesellschaftsformen gefragt. Es ist daher außerordentlich wichtig, dass Sie die hier genannten §§ nachlesen.

Praxishinweis: *Im Rahmen des Gesetzes zur Modernisierung des GmbH-Rechts und zur Bekämpfung von Missbräuchen (MoMiG) wurde die Unternehmergesellschaft (haftungsbeschränkt) eingeführt. Bei dieser Gesellschaftsform handelt es sich nicht um eine eigene Gesellschaftsform, sondern vielmehr um eine Sonderform der GmbH. Man könnte sagen es ist* eine Durchgangsgesellschaft zur GmbH. Da die UG (haftungsbeschränkt) mit einem Stammkapital von 1 Euro gegründet werden kann, stellt sie eine echte Alternative zur Limited dar. Bilanzrechtlich sind Besonderheiten zu beachten (Pflichtrückstellungen bis das Stammkapital 25.000 € erreicht). Ebenfalls wurde mit der Partnerschaftsgesellschaft mit beschränkter Berufshaftung, PartGmbB eine Möglichkeit der Haftungsbeschränkung in diesem Bereich geschaffen (u.U. teure Haftpflichtversicherung).

> **Leitsatz 9**
>
> **Gesellschaftsform, Eigenkapital & Haftung**
>
> Wie gezeigt, zieht die Entscheidung für die eine oder andere Gesellschaftsform wichtige Konsequenzen für die Ausstattung der Gesellschaft mit **Eigenkapital** aber auch für die **Haftung** der Gesellschafter nach sich. Gerade aber bezüglich der Haftung hat die deutsche Rechtsprechung in den letzten Jahren deutlich gemacht, dass auch bei Kapitalgesellschaften, die ja eigentlich eine eigenständige **juristische Person** darstellen, ein „Durchgriff" von Gläubigern auf die Gesellschafterebene nicht immer ausgeschlossen ist (insbesondere für Fälle des existenzvernichtenden Eingriffs), so dass man in zivilrechtlicher Hinsicht eine zunehmende Angleichung der Rechtsformen konstatieren muss. Es erfolgt die Prüfung über die sogenannte **Business-Judgement-Rule.**

Die nachfolgende Übersicht 15 stellt die Unterschiede zwischen Innen- und Außenfinanzierung dar.

Übersicht 15: Innen- und Außenfinanzierung

Innenfinanzierung	Außenfinanzierung
– Mittel aus dem Unternehmen 　Offene Selbstfinanzierung 　Stille Selbstfinanzierung – Abschreibungsfinanzierung – Umschichtungsfinanzierung	– Mittel aus externen Quellen: 　Über den Markt 　Über die Gesellschafter – Innerbetriebliche Fremd- 　finanzierung

Innenfinanzierung

▶ Innenfinanzierung bedeutet eine Finanzierung mit Mitteln, die aus dem Unternehmen selbst stammen und dem Unternehmen nicht von außen zugeführt werden. Stammen die Mittel aus der Einbehaltung von Gewinnen, einer sog. Gewinnthesaurierung, so spricht man von einer offenen Selbstfinanzierung (bei Personengesellschaften nach § 34a EStG, bei AGs §§ 58, 150 AktG). Bei der stillen Selbstfinanzierung hingegen handelt es sich um die Bildung von stillen Reserven durch die Ausnutzung von Bilanzierungs- und Bewertungswahlrechten (§§ 284, 252 HGB), die der Gesetzgeber den Unternehmen einräumt.

Stammen die Mittel aus Abschreibungen, heißt das, die Mittel werden als periodisierter Aufwand gebucht, der für eine zukünftige Investition benötigt wird, solange aber dem Unternehmen zur Verfügung steht. Der Abschreibungsfinanzierung kommt von den Innenfinanzierungen in der Praxis die größte Bedeutung zu.

Umschichtungsfinanzierung, bei der Vermögenswerte in liquide Mittel verwandelt werden.

Außenfinanzierung

▶ Bei der Außenfinanzierung wird dem Unternehmen Kapital aus unternehmensexternen Quellen zur Verfügung gestellt. Eigenkapital kann dabei entweder über Gesellschafter oder aber über den Markt beschafft werden. In beiden Fällen handelt es sich um eine Beteiligungsfinanzierung, da sowohl die Gesellschafter, als auch die Aktionäre am Unternehmen beteiligt werden. Genau genommen sind ja auch die Aktionäre Gesellschafter.

Die Rückstellungsfinanzierung stellt eine innerbetriebliche Fremdfinanzierung dar, da Rückstellungen zukünftige Verbindlichkeiten sind, die somit auch nicht versteuert werden müssen. Das HGB regelt in § 249 das Anlegen von Rückstellungen.

Die Aufbringung von Fremdkapital erfolgt in den meisten Fällen über Kredite. Neben den normalen Krediten, bei denen der Darlehensbetrag ausgezahlt wird, gibt es auch die sog Haftungskredite, bei denen die kreditgebende Institution kein Geld auszahlt, sondern nur eine Auszahlungsverpflichtung übernimmt. Im Weiteren sollen noch die Regelung einer Schuldverschreibung / Anleihe als spezielle Form der Fremdfinanzierung angesprochen werden.

Bei Schuldverschreibungen / Anleihen handelt es sich um eine Form des Fremdkapitals. Anleihen sind Wertpapiere, die ein Unternehmen für einen gewissen Kapitalbetrag ausgibt. Im Gegenzug erhalten die Inhaber der Anleihen Zinsen und einen endfälligen Kapitalbetrag. Die Ansprüche der Inhaber können auch vom Unternehmensgewinn, von der Entwicklung einer Referenzinstanz oder eines Index abhängig sein. Anleihen sind in der Regel als Inhaberpapier gestaltet, es handelt sich somit um Inhaberschuldverschreibungen nach § 793 BGB. Handelbare Anleihen sind in den meisten Ländern nicht börsenpflichtig, sie können also neben der Börse auch am Rentenmarkt gehandelt werden. In den letzten Jahren haben sich vor allen die Hochzinsanleihen (High-Yield-Bonds) zu einer attraktiven Finanzierungsalternative für deutsche Unternehmen entwickelt (im Gegensatz hierzu stehen sog. Zero-Bonds).

> ## Leitsatz 10
>
> **Was ist der wesentliche Unterschied zwischen Personen- und Kapitalgesellschaften?**
>
> Die wesentlichen Unterschiede von Personen- und Kapitalgesellschaften liegen in der Anforderung an die **Ausstattung mit Kapital** sowie in der **Haftung der Gesellschafter**. Während die Personengesellschaften kein Mindeststammkapital aufbringen müssen, dafür aber die Gesellschafter für Unternehmensverluste haften, ist bei den Kapitalgesellschaften das Mindestkapital auf 25.000 € (GmbH) bzw. 50.000 € (AG) festgesetzt, wodurch den Gesellschaftern eine Haftung über das Eigenkapital hinaus erspart bleibt. Bei der neu geschaffenen Unternehmergesellschaft als Durchgangsform zur GmbH kann mit einem Euro begonnen werden.

Praxishinweis: *Bei der neu geschaffenen Unternehmergesellschaft gibt es durch den Staat geschaffene Vorlagen. Es lohnt sich, die Internetseite des Bundesministeriums für Wirtschaft und Technologie nach Informationen zu durchforsten (www.bmwi.de).*

Lektion 8: Verbraucherrecht

Verbrauchern hat der Gesetzgeber zu ihrem Schutz weitergehende Rechte im Rahmen der Kreditfinanzierung eingeräumt. 1990 wurde zu diesem Zweck erstmals eine EU-Richtlinie durch das Verbraucherkreditgesetz (VerbrKrG) umgesetzt. Die Bestimmungen dieses Gesetzes wurden mit dem Schuldrechtsmodernisierungsgesetz von 2002 in das BGB übernommen. Der Verbraucherdarlehensvertrag wird in den §§ 491–498 BGB geregelt, sonstige Finanzierungshilfen in §§ 499–504 BGB, Ratenlieferungsverträge in § 505 BGB und die Kreditvermittlung in §§ 655a–e BGB.

Task 14

Was verbrauchen Verbraucher oder anders gefragt, was stellen Sie sich unter einem Verbraucher vor? Bitte notieren Sie sich Ihre Lösung in ein bis zwei Sätzen.

Ein Verbraucher im Sinne des BGB ist nach § 13:

„Jede natürliche Person, die ein Rechtsgeschäft zu einem Zwecke abschließt, der weder ihrer gewerblichen noch ihrer selbständigen beruflichen Tätigkeit zugerechnet werden kann".

Es handelt sich hierbei um eine Negativabgrenzung zum Unternehmerbegriff.

Praxishinweis: Es sei darauf hingewiesen, dass auch Existenzgründerkredite u.U. nach den Gesetzen der Verbraucherdarlehen behandelt werden, sofern sie ein Kreditvolumen von 50.000 € nicht überschreiten.

Übersicht 16: Schutzrichtung für Verbraucher

Folgende Besonderheiten sollen dem Verbraucher helfen:

Die zwingende vorgegebene **Schriftform**, die auch die Unterschriften der Vertragsparteien erfordert (§ 492 BGB).

Der Vertrag muss gewisse Inhalte aufweisen, wie die Angabe des **Nettodarlehensbetrages**, des **effektiven Jahreszinses** und aller **anfallender Kosten**. Das macht den Inhalt des Vertrages für den Verbraucher transparenter und auch besser mit anderen Finanzierungsangeboten vergleichbar (§ 492 BGB).

Werden die Schriftform oder der Mindestinhalt nicht eingehalten, gehen die Rechtsfolgen zu Lasten des Kreditgebers. Wenn das Geld bereits ausgezahlt wurde, ist der Vertrag wirksam. Allerdings werden alle fehlenden Angaben zu Gunsten des Kreditnehmers ausgelegt (ein fehlender Zinssatz wird auf den gesetzlichen Zinssatz gemindert, nicht angegebene Kosten sind vom Darlehnsnehmer nicht geschuldet, § 494 BGB).

In § 495 BGB wird dem Verbraucher ein Widerrufsrecht, nach Maßgabe des § 355 BGB mit einer Widerrufsfrist von zwei Wochen, eingeräumt. Durch die besondere Behandlung von Verzugszinsen, soll der Verbraucher vor einer Überschuldung geschützt werden (§ 497 BGB). Durch die Begrenzung der Kündigungsmöglichkeiten des Darlehensgebers bei einem Zahlungsverzug durch den Verbraucher (§ 498 BGB), wird dieser bei Zahlungsschwierigkeiten vor zu schneller Kündigung geschützt. Außerdem ist der Verzicht auf Einwendungen gegenüber einem neuen Gläubiger unwirksam. Darüber hinaus gilt das sog. Wechsel- und Scheckverbot (§ 496 Abs. 2 BGB – Der Darlehensgeber darf nicht verpflichtet werden, für die Ansprüche des Darlehensgebers einen Wechsel oder zur Sicherheit einen Scheck auszugeben).

Leitsatz 11

Abgrenzung Verbraucher & Unternehmer

Die Paragrafen 13 und 14 BGB unterscheiden den Verbraucher vom Unternehmer dadurch, dass ersterer ein Rechtsgeschäft nicht zu gewerblichen oder selbständigen beruflichen Tätigkeiten ausführt.

Schutzrechte sind:

– Regelungen zum Verbraucherdarlehensvertrag §§ 491 – 498 BGB;

– Finanzierungshilfen §§ 499 – 504 BGB;

– Ratenlieferungsverträge in § 505 BGB und

– die Kreditvermittlung in § 655 a – e BGB.

Auswirkungen sind:

– Die zwingende vorgegebene Schriftform, die auch die Unterschrift der Vertragsparteien erfordert (§ 492 BGB).

– Der Vertrag muss gewisse Inhalte aufweisen, wie die Angabe des Nettodarlehensbetrag, des effektiven Jahreszinses und aller anfallender Kosten. Das macht ihn für den Verbraucher transparenter und auch besser mit anderen Finanzierungsangeboten vergleichbar (§ 492 BGB).

Werden die Schriftform oder der Mindestinhalt nicht eingehalten, gehen die Rechtsfolgen zulasten des Kreditgebers, sprich wenn das Geld ausgezahlt wurde, ist der Vertrag wirksam. Allerdings werden alle fehlenden Angaben zugunsten des Kreditnehmers ausgelegt.

Lektion 9: Finanzierungssonderformen

Im Folgenden sollen einige Sonderformen der Finanzierung vorgestellt werden, wobei zu jedem Instrument eine Übersicht die wichtigsten Fragestellungen aufgreift. Alle vorgestellten Finanzierungsformen haben gemeinsam, dass sie durch die Anforderungen des Basel-Prozesses an die Eigenkapitaldeckung von Banken und damit auch an die Eigenkapitalquote und Bonität von Kreditnehmern an Bedeutung gewonnen haben. Welchen Stellenwert sie im Zuge einer fortschreitenden Implementierung der Anforderungen des fortschreitenden Basel-Prozesses und im Zuge der wiederkehrenden internationalen Krisen auf den Finanzmärkten einnehmen werden, bleibt abzuwarten.

Task 15

Welche Arten von Finanzierungssonderformen fallen Ihnen spontan ein? Fragen Sie sich auch, welche Finanzinstrumente besonders geeignet sind, Finanzkrisen auszulösen. Insbesondere der Immobilienmarkt sollte hinterfragt werden.

Nachfolgend werden einige der bekannteren Sonderfinanzierungsarten aufgezählt:

- ▶ Leasing
- ▶ Factoring/Fortfaitierung
- ▶ Asset-Backed Securities
- ▶ Mezzanine-Kapital

Finanzierungen durch Leasing, Factoring/Forfaitierung und Asset-Backed Securities werden den sog. operativen Finanzierungen zugerechnet, während die Finanzierung mit Mezzanine-Kapital, die auch als Hybride Finanzierung bezeichnet wird, eine eigene Kategorie der Finanzierung bildet, da sie weder den Eigen- noch den Fremdfinanzierungen eindeutig zugerechnet werden kann.

Zu Task 15 sollten die sogenannten Asset-Backed-Securities einfallen, die durch ein Vehikelkonstrukt wahre Risiken verschleiern können.

Task 16

Rechtsanwalt Gründer ist es leid, mit seinem Fahrrad zu seinen neu gewonnenen Mandanten zu fahren und beschließt daher, sich ein Auto zuzulegen. Da er aber nicht das nötige „Kleingeld" für ein Auto übrig hat, möchte er es sich finanzieren lassen. Aber von wem und wie? Er überlegt sich, ob nicht Leasing für ihn eine sinnvolle Alternative wäre. Aber was war Leasing gleich nochmal und wie funktioniert es?

Unter Leasing versteht man die Überlassung von Wirtschaftsgütern gegen Zahlung eines fortlaufenden Entgelts, den sog. Leasingraten.

Man unterscheidet folgende Erscheinungsformen des Leasings:

- ▶ Finanzierungsleasing
- ▶ Finance Lease
- ▶ Operating Leasing
- ▶ Herstellerleasing
- ▶ Immobilienleasing

Beim Finanzierungsleasing handelt es sich um das klassische Leasing, bei dem der Leasinggeber das Eigentum an dem Leasing-Gegenstand behält und die Anschaffungskosten durch die Leasingraten amortisiert. Beim Finance Lease hingegen liegt das wirtschaftliche Eigentum beim Leasingnehmer. Das Operating Leasing zeichnet sich durch einen kurzfristigen oder kündbaren Leasingvertrag aus. Beim Herstellerleasing ist der Hersteller des Leasing-Gegenstands zugleich der Leasinggeber und beim Immobilienleasing handelt es sich um eine Sonderform des Finanzierungsleasings in der Regel mit einer langen Vertragslaufzeit und einer Kaufoption in Form einer Vormerkung.

Übersicht 17: Leasing

Fragestellungen	
Funktion	Leasing bietet dem Leasingnehmer die Möglichkeit, die Anschaffung eines Gegenstandes durch fortlaufende Zahlungen zu finanzieren, ohne dabei Eigenkapital aufwenden zu müssen.
Kosten	Als Kosten fallen die Leasingraten und eventuell sonstige Kosten an. Die Leasingraten richten sich danach, ob innerhalb der Leasingdauer. Die Kosten für die Anschaffung des Leasing-Gegenstands vollständig (Vollamortisation) oder nur zum Teil (Teilamortisation) abgedeckt werden sollen.
Laufzeit	Entspricht – Ausnahme „**Operate Leasing**" – zumeist der Nutzungsdauer.
Auswirkungen Basel (**Lektion 15**)	Durch die Auswirkungen von Basel wird das Leasing als Alterative Finanzierung zu den klassischen Fremdkrediten an Bedeutung gewinnen.
Rechtliche Grundlagen	Der Leasingvertrag ist im deutschen Recht nicht geregelt. Die Rechtsprechung sieht im Leasing ein eigenständiges Finanzierungsgeschäft (**basierend auf dem Mietvertrag als Grundform**). Je nach Ausgestaltung können Leasingverträge eher einer Finanzierungen oder aber langfristiger Miete ähnlich sein.
Steuerliche Behandlung	Liegt das wirtschaftliche Eigentum für den Vertragsgegenstand beim Leasinggeber, so sind die Leasingraten voll als Aufwand steuerlich abziehbar, andernfalls kann nur der **Finanzierungsaufwand** steuerlich geltend gemacht werden. Bei der Ermittlung der **Gewerbesteuer** ist ein Viertel des Finanzierungsanteils der Leasingraten anzurechnen (§ 8 Nr. 1d, e GewStG-E).

Task 17

Kaum ist ein Auto angeschafft und der Leasingvertrag abgeschlossen, kommt Rechtsanwalt Gründer in Zahlungsschwierigkeiten, da ihn die monatliche Rate für seinen Porsche 911 GT3 – belastet. Bei der Überprüfung seiner Einnahmen-Ausgabenstruktur in der Kanzlei stellt er mit Erschrecken fest, dass viele seiner Mandanten sehr spät oder überhaupt nicht bezahlen. Daher überlegt er sich, ob er nicht seine Forderungen gegenüber seinen Mandanten verkaufen soll. Er hat gehört, dass dies möglich ist, wenn an der Firma, die die Forderung kaufen möchte, ein Rechtsanwalt beteiligt ist. Aber wie läuft der Verkauf ab?

Oder muss Gründer doch aufs Fahrrad umsteigen?

Beim Factoring und bei der Forfaitierung handelt es sich um den Verkauf von Forderungen. Während es sich beim Factoring um einen Rahmenvertrag handelt, der mehrere Forderungen abdeckt, ist die Forfaitierung auf Einzelgeschäfte bezogen. Ein weiterer Unterschied besteht darin, dass der Factor, also der Käufer der Forderungen, auch Service-Funktionen, wie Debitorenbuchhaltung, Mahn- und Inkassowesen übernimmt.

Beim Factoring unterscheidet man zwischen echtem und unechtem Factoring. Bei ersterem übernimmt der Factor auch das Ausfallrisiko, während beim unechten Factoring das Ausfallrisiko beim Forderungsverkäufer verbleibt. Bei der Forfaitierung geht das Ausfallrisiko für die Forderung immer auf den Forderungskäufer, den sog. Forfaiteur.

Zum Factoring & Forfaitierung nun die Übersicht 18 über Funktion, Kosten, Basel und die rechtlichen Grundlagen.

Übersicht 18: Factoring & Forfaitierung

	Fragestellungen
Funktion	Forfaitierung und Factoring haben eine Finanzierungsfunktion durch Bevorschussung der abgetretenen (gekauften) Forderungen. Das Factoring hat darüber hinaus auch eine **Dienstleistungsfunktion**. Beim echten Factoring und der Forfaitierung kommt die Abdeckung des **Ausfallrisikos** der Forderung hinzu.
Kosten	Die Kosten setzen sich aus Refinanzierungskosten und der **Risiko- und Gewinnmarge** zusammen.
Auswirkungen von Basel	Durch die oben beschriebenen hohen Anforderungen an die **Eigenkapitaldeckung** von Banken und die daraus resultierende Schwierigkeit für viele Unternehmen Kreditfinanzierung zu günstigen Konditionen zu bekommen – ein Problem, das besonders viele **mittelständische Unternehmen** trifft – haben sich das Factoring und die Forfaitierung in letzter Zeit als effiziente Finanzierungsalternativen etabliert.
Rechtliche Grundlagen	Vertragsrechtlich handelt es sich jeweils um typengemischte Verträge mit Elementen des Kaufvertrags, Darlehensvertrags und der entgeltlichen Geschäftsbesorgung.

Task 18

Asset-Backed Securities, wie funktioniert dieses Finanzinstrument eigentlich? Richtig bekannt wurde es in der großen Finanzkrise 2009. Bis heute haben aber nur wenige eine gut strukturierte Definition geliefert.

Bei den Asset-Backed Securities (Verbriefung), handelt es sich um Wertpapiere (Securities) die mit Vermögensgegenständen (Assets) unterlegt (Backed) sind. Diese Finanztechnik, die sowohl zur Finanzierung als auch zum Risikotransfer eingesetzt werden kann, sieht in ihrer Grundform den Forderungsverkauf eines Unternehmens oder Kreditinstituts an eine eigens dafür gegründete Zweckgesellschaft (englisch: Special Purpose Vehicle – SPV) vor. Die Zweckgesellschaft hat die Aufgabe, die Forderungen durch die Emission von Wertpapieren zu refinanzieren. Die Wertpapiere sind durch eben diese Forderungen gesichert. Um

Task 18 besser lösen zu können, sollten Sie sich genau die nachfolgende Übersicht 19 anschauen.

Übersicht 19: Asset-Backed Securities

Fragestellungen

Funktion	Bei einem entsprechendem Volumen bieten Asset-Backed Securities Finanzierungen günstigere Finanzierungsbedingungen als vergleichbare Fremdfinanzierungen. Außerdem stehen sie prinzipiell auch Unternehmen offen, die ansonsten keinen **Zugang zum Kapitalmarkt** haben.
Kosten	Durch die komplizierte Konstruktion der Asset-Backed Securities entsteht eine Vielzahl von **Einmalkosten** (z.B. Kosten der Vorbereitung und Strukturierung, Kosten der Auflegung und Börseneinführung) und laufenden Kosten (Drittleistungskosten während der gesamten ABS Transaktionsdauer für Rechtsanwälte, Treuhänder, Serviceagenten, Sicherungsgeber, Ratingagenturen und Bankenkonsortium), wodurch sie erst bei einem **hohen Kapitalbedarf** wirtschaftlich werden.
Auswirkungen von Basel	Durch den Basel-Prozess haben auch die Finanzierungen durch ABS an Bedeutung gewonnen.
Rechtliche Aspekte	Handelsrechtlich ist vor allem hervorzuheben, dass die Asset-Backed Securities als Anreiz für ein **Bilanzstrukturmanagement** dienen können und dass die Asset-Backed Securities im Jahresabschluss des Veräußerers bilanziell aufgeführt werden. Außerdem können die Asset-Backed Securities dazu dienen, **bankenaufsichtsrechtliche Begrenzungsvorschriften** zu umgehen.

Task 19

Rechtsanwalt Gründer hat nun auch noch von so etwas wie Mezzanine-Kapital gehört. Im ersten Moment denkt er an ein Pastagericht aber erinnert sich dann doch daran, den Begriff schon einmal im Zusammenhang mit Finanzierungsinstrumenten gehört zu haben.

Haben Sie den Begriff bereits gehört und können in erklären? Falls Nein, sollten Sie sich die Lösung zu Task 19 und die dazugehörige Übersicht genau durcharbeiten.

Unter Mezzanine-Kapital versteht man Finanzierungsinstrumente, die aufgrund ihrer Struktur einerseits Merkmale von Eigenkapital, andererseits aber auch Merkmale von Fremdkapital aufweisen. In der Regel wird einem Unternehmen dabei wirtschaftliches und/oder bilanzielles Eigenkapital zugeführt, ohne den kapitalgebenden Banken oder Investoren dabei Stimm- oder Einflussnahmerechte zu gewähren.

Typische Charakteristika von Mezzanine-Kapital sind analog zu den Anforderungen an Eigenkapital daher:

- ▶ Langfristigkeit

- ▶ Nachrangigkeit (gegenüber den anderen Gläubigern)

- ▶ Erfolgsabhängige Vergütung

- ▶ Haftung mit dem eingebrachten Kapital an laufenden Verlusten

Auch in Bezug auf Mezzanine-Kapital soll die nachfolgende Übersicht einen Gesamtüberblick (auch in Abgrenzung zu den bereits beschriebenen Sonderfinanzierungsmöglichkeiten) darstellen:

Übersicht 20: Mezzanine-Kapital

	Fragestellungen
Funktion	Die Funktion von Mezzanine-Kapital ist es, den Kapitalbedarf eines Unternehmens zu decken, ohne dabei den **Verschuldungsgrad** zu erhöhen und gleichzeitig die Möglichkeiten der Aufnahme zusätzlicher, echter **Fremdmittel** zu verbessern.

Kosten	Im Vergleich zum Kredit entstehen **wesentlich höhere Kosten**, weil die Bonität des Kapitalnehmers vom Kapitalgeber aufwendig geprüft werden muss, dies etwa durch ein **externes Rating**. Dazu kommen die Transaktionskosten und die Kosten für die Verzinsung.
Laufzeit	Da Eigenkapital sich eigentlich durch eine dauerhafte Überlassung auszeichnet, sind auch Mezzanine-Finanzierungen Langfristig ausgestaltet. So sind Laufzeiten zwischen **7 und 15 Jahren** durchaus üblich. Für eine Anerkennung als Eigenkapital nach den Kriterien der großen Ratingagenturen oder nach **IFRS** sind aber Laufzeiten von 50 Jahren oder mehr bzw. eine „unendliche" Laufzeit erforderlich.
Auswirkungen von Basel	Auch das Mezzanine-Kapital hat durch den Basel-Prozess an Bedeutung gewonnen und wird wohl zukünftig einen noch größeren Stellenwert bei der Kapitalausstattung von Unternehmen einnehmen.
Rechtliche Grundlagen	Die Ausstattung mit Mezzanine-Kapital kann je nach Form gestaltet sein als: – Genussrecht – wertpapierverbriefte Genussscheine – stille Beteiligung – Wandel- oder Optionsanleihe – Nachrangiges partiarisches Darlehen – Gesellschafterdarlehen Diese Vielfältigkeit macht deutlich, wie komplex aber auch zugleich **vielseitig** dieses Finanzierungsinstrument sein kann.
Steuerliche, bilanzielle Behandlung	Abhängig von der Ausgestaltung wird es entweder als **Eigenkapital** (Genussrecht, wertpapierverbriefter Genussschein, stille Beteiligung, Wandel- oder Optionsanleihe) oder als **Fremdkapital** (nachrangiges, partiarischen Darlehen; Gesellschafterdarlehen) behandelt.

Da es sich um einen schwierigen Teilbereich handelt (die verschiedenen Finanzierungsarten zu trennen), werden Teile des Stoffs anhand der nachfolgenden Fragen und Antworten wiederholt:

Task 20

Ausgehend von den oben dargestellten Finanzierungsinstrumenten müssten Sie jetzt in der Lage sein, drei operative Finanzierungsarten, ihre Merkmale und rechtlichen Grundlagen zu beschreiben.

Die Darstellung der Lösung von Task 20 erfolgt im Rahmen der nachfolgenden Übersicht 21, in der die Merkmale der einzelnen Finanzierungsinstrumente, den rechtlichen Grundlagen zugeordnet werden.

Übersicht 21: Sonderfinanzierungsformen

	Merkmale	Rechtliche Grundlagen
Leasing	Leasing bietet dem Leasingnehmer die Möglichkeit, die Anschaffung eines Gegenstandes durch fortlaufende Zahlungen zu finanzieren, **ohne** dabei **Eigenkapital** aufwenden zu müssen.	Im deutschen Recht ist das Leasing nicht geregelt, die Rechtsprechung sieht im Leasing ein **eigenständiges Finanzierungsgeschäft**, basierend auf dem Mietvertrag als Grundform.
Factoring & Forfaitierung	Finanzierungsfunktion durch **Bevorschussung der abgetretenen Forderungen**.	**Typengemischte Verträge** mit Elementen des Kaufvertrags, Darlehensvertrags und der entgeltlichen Geschäftsbesorgung.
Asset-Backed Securities	Hierbei handelt es sich um mit **Vermögensgegenständen** (Assets) **unterlegte** (Backed) **Wertpapiere** (Securities). Bei einem entsprechenden Volumen bieten Asset-Backed Securities Finanzierungsalternativen günstige Finanzierungsbedingungen.	Handelsrechtlich besteht der Anreiz für ein Bilanzstrukturmanagement, im Jahresabschluss des Veräußerers bilanziell aufgeführt zu werden. ABS Finanzierungen können helfen, **bankaufsichtsrechtliche** Begrenzungsvorschriften zu umgehen.

Task 21

Was versteht man unter Hybridfinanzierungen (das Wort Hybrid stammt aus dem lateinischen und hat einen griechischen Ursprung. Es hat die Bedeutung von etwas Gebündeltem, Gekreuztem oder Gemischtem)? Beschreiben Sie die wesentlichen Charakteristika der Hybridfinanzierung.

Unter Hybrid-Finanzierungen versteht man die Ausstattung eines Unternehmens mit sog. alternativem Kapital. Dieses zeichnet sich dadurch aus, dass es aufgrund seiner Struktur einerseits Merkmale von Eigenkapital anderseits aber auch Merkmale von Fremdkapital aufweist (siehe Mezzanine-Kapital).

Charakteristika Hybridfinanzierungen:

- ▶ Langfristigkeit

- ▶ Nachrangigkeit (gegenüber den anderen Gläubigern)

- ▶ Erfolgsabhängige Vergütung

- ▶ Mittragen von laufenden Verlusten

Lektion 10: Entscheidungsparameter

Bei der Frage, für welche Finanzierungsart sich ein Unternehmer (oder aber auch eine private Person) entscheidet, spielen verschiedene Kriterien eine Rolle.

■ Task 22
Nennen Sie Faktoren, die die Entscheidung von Gesellschaft und Gesellschaftern bei der Wahl einer Finanzierung beeinflussen können. Überlegen Sie, ausgehend von Ihrem privaten Konsum, welche Kriterien für eine Finanzierungsentscheidung relevant sein könnten.

Nachfolgend werden einige Kriterien aus der Sicht der Gesellschaft und der Gesellschafter aufgeschlüsselt. Diese Aufzählungen beanspruchen nicht, vollständig zu sein. Es handelt sich vielmehr um mögliche Kriterien, die bei einer Entscheidung eine Rolle spielen könnten. Um eine genaue Analyse für eine Finanzierungsentscheidung zu erstellen, muss der konkrete Einzelfall herangezogen werden.

Gleichen Sie die Aufzählung mit Ihrer Lösung zu Task 22 ab.

Gesellschaft:

- ▶ Verhältnis von Eigen- und Fremdkapital
- ▶ Flexibilität der Finanzierung
- ▶ Kosten
- ▶ Beschränkungen
- ▶ Berichtspflichten
- ▶ Steuereffizienz
- ▶ Auswirkungen die sich für die Außendarstellungen ergeben

Gesellschafter:

- ▶ Wie viel Eigenkapital ist er bereit aufzubringen

- Kapitalisierung
- Risiken
- Rückzahlungs-/Renditeerwartung und deren zeitlicher Rahmen

Oft sind steuerliche Aspekte, insbesondere bei ausländischen Kapitalgebern, ein endscheidungsrelevantes Kriterium.

Folgende Aspekte könnten hier eine Rolle spielen:

- Quellensteuerpflicht auf Zinszahlungen
- Risiko einer steuerlichen Nichtakzeptanz der gewählten Zinsstruktur (Stichwort Zinsschranke)
- Qualifizierung der Finanzierung in den jeweiligen Rechtsordnungen
- Ob die deutsche Steuerrechtsordnung die ausländische Finanzierungsgesellschaft substantiell anerkennt

Daneben können noch gesellschaftsrechtliche Fragen bei den sog. Cross-Border-Finanzierungen auftreten.

III. Wertpapier- und Investmentrecht

Lektion 11: Grundlagen

Die nachfolgende Übersicht soll verdeutlichen, wie wir uns dem Thema des Wertpapier- und Investmentrechts nähern werden.

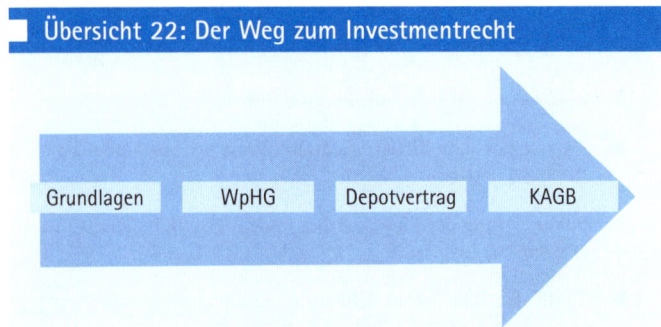

Übersicht 22: Der Weg zum Investmentrecht

Ausgehend von den Grundlagen wird auf das Wertpapierhandelsgesetz (WpHG), den Depotvertrag (Depotgesetz, DepoG) und dann auf das Kapitalanlagengesetzbuch (KAGB) eingegangen.

Task 23
Nehmen Sie sich zunächst ein Wörterbuch zur Hand und schauen den Begriff Wertpapier nach (es ist natürlich erlaubt, den Begriff im Internet zu googlen). Versuchen Sie sich aus den gewonnenen Erkenntnissen selbst eine Definition herzuleiten. Nachfolgend wird dann ein rechtshistorischer Ansatz zur Definition herangezogen.

Der Begriff des Wertpapiers findet sich erstmals in der Mitte des 19. Jahrhunderts in der juristischen Literatur. Brinckmann verwendet ihn 1853 in seinem Lehrbuch des Handelsrechts. Bis zum heutigen Tage hat sich im deutschen Recht jedoch keine Legaldefinition des Begriffs herausgebildet.

Leitsatz 12

Wertpapierbegriff nach schweizerischem Recht

Anders ist dies dagegen im schweizerischen Recht, wo es in Art. 965 des Obligationenrechts heißt:

Ein „Wertpapier ist jede Urkunde, mit der ein **Recht derart verknüpft** ist, dass es ohne die Urkunde weder geltend gemacht werden kann, noch auf andere übertragen werden kann."

Die verschiedenen Kodifikationen des Wertpapierrechts geben ebenso wenig Aufschluss über einen grundlegenden Wertpapierbegriff, denn die in den verschiedenen gesetzlichen Regelungen enthaltenen Bestimmungen über Wertpapiere sind stets unmittelbar vom Regelungszweck und Anwendungsbereich des jeweiligen Gesetzes bzw. der jeweiligen Norm abhängig und können daher nicht zur Grundlage einer Definition verwendet werden. Es liegt auf der Hand, dass die Vorstellung der Väter des BGB im Jahre 1900 über den Begriff des Wertpapiers ein anderer war als die des Gesetzgebers bei Verabschiedung des InvG im Jahre 2004, bzw. des Kapitalanlagengesetzbuch (2013).

Leitsatz 13

Wertpapierbegriff nach Heinrich Brunner

Die heute in der Wissenschaft herrschende Definition ist der extensive Wertpapierbegriff von Heinrich Brunner:

Nach dem **extensiven Wertpapierbegriff** ist ein Wertpapier eine Urkunde, in der ein privates Recht in der Gestalt verbrieft ist, dass zur Geltendmachung des Rechts die Innehabung der Urkunde erforderlich ist.

 Task 24

Der Wertpapierbegriff der Rechtswissenschaft setzt sich somit aus verschiedenen Merkmalen zusammen. Welche sind dies?

Folgende Merkmale sind für ein Wertpapier nach dem Wertpapierbegriff der Rechtswissenschaft relevant:

▶ Ein Wertpapier ist eine Urkunde. Im Zivilrecht versteht man unter dem Begriff der Urkunde die schriftliche Verkörperung einer Gedankenerklärung. Die Verbriefung geschieht dadurch, dass unverkörperte Rechte nicht sinnlich wahrgenommen werden können und deshalb eine gewisse Gefahr von ihnen für den Wirtschafts- und Rechtsverkehr ausgeht. Gerade im Bereich von großen Aktiengesellschaften, stellen häufig Verbraucher und Kleinanleger eine breite Masse dar, der dann zumeist eine kleine Anzahl von Großinvestoren (u.U. Fondgesellschaften) gegenüber stehen. Man bezeichnet diese Art der Aktiengesellschaft auch gerne als Publikumsgesellschaft. Die große Anzahl von Anlegern und die zumeist mangelnde Fachkenntnis dieser, macht eine Verbriefung unabdinglich (fast alle Aktiengesellschaften schließen in Ihren Satzungen die Verbriefung allerdings aus).

▶ In Verbindung mit der Urkunde erfährt das ursprünglich nur geistige Gebilde der Gedankenerklärung eine Konkretisierung und Versachlichung, die verschiedene juristische Funktionen erfüllt. In vielen Bereichen wird erst hierdurch die Handelbarkeit in juristischem Sinne gewährleistet. Es soll aber an dieser Stelle auch darauf hingewiesen werden, dass im heutigen Bankengeschäft („Business to Business Bereich", B to B dem sogenannten Interbankenmarkt und im „Business to Consumer Bereich", B to C) die Verbriefung nicht so verstanden werden soll, dass ein Handeln von Wertpapieren durch Versenden von Urkunden erfolgt. Die Verbriefung hat mit der Verwahrung von Wertpapieren heute nichts mehr viel zu tun (hierzu mehr im Kapitel über die Depotverwaltung, siehe unten).

▶ Die Indizfunktion verschafft dem Papierinhaber oder dem im Papier Genannten einen im Geschäftsverkehr nützlichen Rechtsschein der beweist, dass er wirklich der Rechtsinhaber ist. Wertpapiere sind nur solche Urkunden, die ein Recht verbriefen.

Beweisurkunden wie der Schuldschein oder die Quittung sind keine Wertpapiere. Ihnen kommt lediglich eine Beweisfunktion zu; das Recht ist völlig unabhängig von ihrem Bestehen. Auch bei einfachen Legitimationsurkunden wie Garderobenmarken oder Reparaturscheinen handelt es sich nicht um Wertpapiere, da es diesen an der Verbriefung des Rechts fehlt. Der spezielle vom Wertpapier verbriefte Gedankeninhalt ist ein privates Recht. Mangels Verbriefung eines privaten Rechts sind Urkunden über öffentlich-rechtliche Befugnisse – wie der Gewerbeschein, der Führerschein oder die Urkunde über die Staatsangehörigkeit – keine Wertpapiere im Sinne der Rechtswissenschaft.

Task 25
Wie lassen sich Wertpapiere in verschiedene Kategorien aufteilen? Versuchen Sie zunächst sich selbst Kategorien anhand der bereits gemachten Ausführungen herzuleiten.

Innerhalb des gemeinsamen Begriffs des Wertpapiers kann man verschiedene Arten unterscheiden. Die Anzahl der Arten hängt selbstverständlich von der Anzahl der Einteilungsarten ab, weshalb aus Gründen der Übersichtlichkeit die Einteilung der Wertpapiere nur nach den zwei bedeutsamsten Gesichtspunkten erfolgt.

Wertpapiere können nach der Art des verbrieften Rechts kategorisiert werden. Übersicht 23 soll dies graphisch verdeutlichen:

Übersicht 23: Aufteilung nach Art des verbrieften Rechts

Wertpapiere
- Forderungsrechtliche Wertpapiere
- Sachenrechtliche Wertpapiere
- Mitgliedschaftsrechtliche Wertpapiere

Oder aber danach, wie der aus dem Papier Berechtigte bestimmt wird:

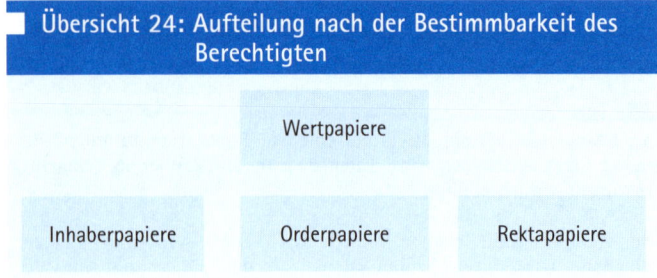

Was heißt das nun für unsere Task 25? Wie wir graphisch gesehen haben, lassen sich nach der Art des verbrieften Rechts vor allem forderungsrechtliche, sachenrechtliche und mitgliedschaftsrechtliche Wertpapiere unterscheiden und nach der Bestimmbarkeit lassen sich die Kategorien auf Inhaberpapiere, Orderpapiere und Rektapapiere festlegen.

Task 26

Rechtsanwalt Gründer möchte natürlich seine hart erkämpften Mandatserlöse gewinnbringend anlegen und informiert sich daher über die Möglichkeit, sein Geld in Wertpapieren anzulegen. Um sich einen Überblick zu verschaffen, sucht er aus seinen Studienunterlagen alles zu diesem Thema zusammen.

Können Sie ihm dabei helfen? Wie könnte eine Unterscheidung nach forderungsrechtlichen-, sachenrechtlichen oder mitgliedschaftlichen Kriterien aussehen?

Die Lösung von Task 26 wird in der nachfolgenden Übersicht dargestellt.

Übersicht 25: Was bedeutet Art des verbrieften Rechts genau?

Forderungsrechtliche	Forderungsrechtliche Wertpapiere verbriefen eine Forderung und zwar: – im Falle von Inhaberschuldverschreibung, Wechsel, Scheck und Sparbuch eine **Geldforderung** – und im Falle von Konnossement, Lager-, Liefer- und Ladeschein eine **Warenforderung**
Sachenrechtliche	– Sachenrechtliche Wertpapiere verbriefen ein **dingliches Verwertungsrecht** wie z.B. der Hypotheken-, der Grundschuld und der Rentenschuldbrief – Sachenrechtliche Wertpapiere sind aber **nicht** etwa alle Wertpapiere, die nach Sachenrecht behandelt werden, denn das trifft auch auf Inhaberschuldverschreibung, Wechsel und Scheck zu und doch handelt es sich bei diesen Wertpapieren nicht um sachenrechtliche, sondern um forderungsrechtliche Wertpapiere
Mitgliedschaftsrechtliche	– Mitgliedschaftsrechtliche Wertpapiere schließlich sind Wertpapiere, die die **Mitgliedschaft** in einer juristischen Person verbriefen. Beispiele sind die Aktie und der Interimsschein – Die problematischen Zwischenformen, insbesondere das Investmentzertifikat werden an späterer Stelle behandelt

Unterscheidet man die Wertpapiere danach, wie der aus dem Papier Berechtigte bestimmt wird, so haben wir oben graphisch gesehen, dass sich eine Einteilung in Inhaber-, Order- und Rektapapiere ergibt.

Task 27

Wie könnte eine solche Unterscheidung aussehen? Wie werden diese Wertpapiere übertragen, haben Sie eine Vorstellung?

Auch diese Frage soll im Rahmen einer gegenüberstellenden Übersicht 26 erfolgen.

Übersicht 26: Was bedeutet Bestimmung des Berechtigten genau?

Inhaberpapiere
- Inhaberpapiere sind dadurch gekennzeichnet, dass das verbriefte Recht grundsätzlich von jedem **Inhaber** geltend gemacht werden kann.
- Er braucht **nicht zu beweisen**, dass er der Berechtigte ist, vielmehr muss der Aussteller an ihn leisten, wenn er nicht seinerseits nachweist, dass der Inhaber in Wahrheit nicht berechtigt ist.
- Gleichzeitig bedeutet diese an die **Inhaberschaft gekoppelte Vermutung** für die materielle Berechtigung jedoch auch, dass der Schuldner befreiend an den jeweiligen Inhaber des Wertpapiers leisten kann.

Orderpapiere
- Bei Orderpapieren ist ein bestimmter Berechtigter in der **Urkunde genannt**.
- Der Schuldner ist aber nicht nur zur Leistung an diesen Berechtigten verpflichtet, sondern im Falle einer „Order" durch den namentlich bezeichneten auch zur Leistung an den durch diese „Order" **neuen Berechtigten**.
- Der Schuldner muss also, wie in der Orderklausel in einem solchen Papier häufig formuliert, „an den X oder dessen Order" leisten.
- Diese wertpapierspezifische Erklärung erfolgt durch schriftliche und **unterzeichnete Fixierung** auf dem Wertpapier selbst und wird, da sie Gewöhnlicherweise auf der **Rückseite des Wertpapiers** gesetzt wird (italienisch: in dosso), Indossament genannt.

Rektapapiere
- Rektapapiere oder auch Namenspapiere lauten auf eine bestimmte in dem Papier mit **Namen bezeichnete Person**.
- Der Schuldner soll bei ihnen „rekta", d.h. **direkt an den im Papier namentlich benannten** Berechtigten, leisten.
- Eine Weiterübertragung ist im Gegensatz zu den Orderpapieren gerade **nicht von vornherein beabsichtigt**. Sie bleibt dennoch möglich. Zu den Einzelheiten mehr im nachfolgenden Teil.

– Bei Rektapapieren begründet der **Besitz allein keine Vermutung** für die materielle Berechtigung, wie bei den Inhaberpapieren, sondern sie muss anhand der namentlichen Bezeichnung im Wertpapier nachgewiesen werden bzw. durch Nachweis des Erwerbs des verbrieften Rechts, wenn der materiell Berechtigte nicht im Wertpapier namentlich bezeichnet ist.

Für unsere Frage in Task 27 bedeutet dies, dass die Übertragung des im Inhaberpapier verbrieften Rechts erfolgt nach sachenrechtlichen Grundsätzen. Es gelten die Bestimmungen über die Übereignung beweglicher Sachen. Das Inhaberpapier wird durch Einigung und Übergabe nach § 929 BGB übereignet. Begriffsjuristisch stellt man auf das Papiereigentum ab, wenn man diese Besonderheit durch die Formel zum Ausdruck bringt:

Das Recht aus dem Papier folgt dem Recht am Papier.

Leitsatz 14

Beispiele für Inhaber-, Order- und Rektapapiere

Inhaberpapiere
- Inhaberschuldverschreibung §§ 793 ff BGB,
- Inhaberaktien (ist eine Namensaktie) § 10 I AktG = Regelfall einer Aktie,
- Inhaberscheck Art. 5 II, III ScheckG = Regelfall eines Schecks
- Eintrittskarte, Fahrkarten, Telefonkarten.

Orderpapiere
- Geborene Orderpapiere nennt man diejenigen, die von selbst Orderpapiere sind. Beispiele sind der Wechsel, der Scheck und die Namensaktie.
- Gekorene Orderpapiere sind dagegen nur dann Orderpapiere, wenn sie eine Orderklausel enthalten. Beispiele sind die kaufmännische Anweisung, der Ladeschein, das Konnossement und der Lagerschein.

Rektapapiere (moderner Begriff: Namenspapiere)
- Hypotheken- und
- Grundschuldbriefe.

Die nachfolgende Übersicht 27 soll nochmals die Übertragung dieser drei Wertpapierarten unter die Lupe nehmen (Inhaber-, Order- und Rektapapiere).

Übersicht 27: Wie wird übertragen?

Inhaber-papiere	– Das Inhaberpapier wird durch **Einigung und Übergabe** nach § 929 BGB übereignet. – Die Mehrheit des neueren Schrifttums hält allerdings eine **Übertragung durch Zession** des verbrieften Rechts nach den §§ 398, 413 ebenfalls für möglich, wobei die Aufspaltung von Papiereigentum und Rechtsinnehabung durch Anwendung von § 952 BGB vermieden werden soll.
Order-papiere	– Die Übertragung des Orderpapiers kann nach verschieden Verfahren stattfinden: – Normalerweise werden Orderpapiere durch **Indossament** und Abschluss eines auf Übereignung des Papiers gerichteten **Begebungsvertrages** übergeben. – Schließen die Indossamente auf einem Oderpapier mit einem Blankoindossament ab, also **ohne namentliche Benennung** des durch Order neuen Berechtigten, so wird das verbriefte Recht durch Übereignung des Papiers mit oder ohne Indossament weiterübertragen. – Zulässig ist schließlich auch eine Übertragung des Orderpapiers durch schlichte **Zession** (= Abtretung) des verbrieften Rechts, wie sie das neuere Schrifttum bei den Inhaberpapieren zulassen möchte.
Rekta-papiere	– Bei Rektapapieren kann das verbriefte Recht **nicht sachenrechtlich** übertragen werden, sondern nur nach den **allgemeinen Regeln** über die Übertragung des Rechts selbst, gewöhnlich also durch Abtretung nach § 398 BGB oder § 413 BGB. – Die Übereignung des Papiers bewirkt bei diesen Papieren also an sich **keinen Rechtsübergang**, vielmehr folgt das Papiereigentum automatisch dem Übergang des verbrieften Rechts, § 952 BGB. – Zur Übertragung vom verbrieften Recht und Papier ist also die Übereignung des Papiers **weder erforderlich noch genügend**.

Das Wertpapierrecht ist derjenige Teil des deutschen Rechts, der sich mit Wertpapieren befasst. Da der Gesetzgeber davon abgesehen hat, ein einzelnes, einheitliches und umfassendes Wertpapiergesetz zu erstellen, sind die Regelungen über Wertpapiere im Bürgerlichen Gesetzbuch (BGB), im Handelsgesetzbuch (HGB), wie auch in einer Vielzahl von Spezialgesetzen, wie z.B. im Wechselgesetz (WG), im Scheckgesetz (ScheckG), im Aktiengesetz (AktG), im Kapitalanlagengesetzbuch (KAGB) und im Gesetz über deutsche Immobilien-Aktiengesellschaften mit börsennotierten Anteilen (REITG) zu finden.

Übersicht 28: Wertpapierrecht

Ein Wertpapier ist eine Urkunde, die ein bestimmtes Recht verbrieft. Der Besitz der Urkunde ist von wesentlicher Bedeutung!

Definitionen:	Wesentliche Bedeutung haben die Liberationsfunktion des Wertpapiers oder auch die Schuldbefreiungsfunktion bei Leistung an den Besitzer einer Urkunde.		
Im deutschen Recht? (ursprünglich) Nein	**Neg. Abgrenzung**:	Der „weite" und „enge" Begriff des Wertpapiers?	
Im Schweizerischen Recht? Ja	Reine Beweisurkunden (z.B. Quittungen)	**Der „weite" Wertpapierbegriff geht auf Brunner zurück:**	**Der „enge" Wertpapierbegriff** beschränkt die Urkunde als Wertpapier, die einer sachenrechtlichen Natur bei der Übertragung folgen. Nach dieser Definition wären Inhaber- und Orderpapiere als Wertpapier zu kategorisieren, Rektapapiere hingegen nicht.
Heinrich Brunner und sein Wertpapierbegriff	Urkunden zu Legitimation (z.B. Garderobenbeleg)	Die Urkunde ist eine körperliche und bewegliche Sache.	
Beispiele: Aktien Anteilsscheine Anleihen, Pfandbriefe, Rentenpapiere Wandelanleihen Zertifikate Schecks Wechsel	**Bestandteile**: Mantel Bogen Erneuerungsschein	Es muss sich um private Rechte handeln (hierzu zählen nicht Urkunden, an denen der Staat beteiligt ist z.B. Führerschein). Man muss im Besitz der Urkunde sein. Eine Vernichtung der Urkunde führt aber nicht zu der Auslöschung des verbrieften Rechts!	

Die Übersicht 28 hat das bisherige Kapitel über das Wertpapier nochmals graphisch aufgegriffen und es zusammengefasst. Nun sind Sie in der Lage, die kommenden Fragen schnell zu beantworten. Die Fragen dienen der Wiederholung des bereits Erlernten.

Zur Wiederholung hier weitere Tasks:

(Decken Sie die Antworten zunächst ab und überlegen Sie sich Ihre Antwort. Das sofortige Lesen der Lösung bringt Sie nur bedingt weiter.)

▪ Task 28
Definieren Sie den extensiven Wertpapierbegriff der Rechtswissenschaft!

Nach dem extensiven Wertpapierbegriff ist ein Wertpapier eine Urkunde, in der ein Recht dergestalt verbrieft ist, dass zur Geltendmachung des Rechts die Innehabung der Urkunde erforderlich ist.

▪ Task 29
Grenzen Sie Beweisurkunden von Wertpapieren ab.

Bei einer reinen Beweisurkunde wird das Recht oder die Leistung nicht in einer Urkunde verbrieft.

▪ Task 30
Welche Arten von Wertpapieren können nach der Art des verbrieften Rechts unterschieden werden? Erläutern Sie diese Kategorien!

Nach der Art des verbrieften Rechts lassen sich forderungsrechtliche, sachenrechtliche und mitgliedschaftsrechtliche Wertpapiere unterscheiden:

– Die forderungsrechtlichen Wertpapiere verbriefen eine Forderung und zwar im Falle der Inhaberschuldverschreibung, des Wechsels, des Schecks und des Sparbuchs eine Geldforderung und im Falle des Konnossements, des Lager-, des Liefer- und des Ladescheins eine Warenforderung.

– Die sachenrechtlichen Wertpapiere wie z.B. der Hypotheken-, der Grundschuld- und der Rentenschuldbrief verbriefen ein dingliches Verwertungsrecht.

– Die mitgliedschaftsrechtlichen Wertpapiere schließlich sind Wertpapiere, die die Mitgliedschaft in einer juristischen Person verbriefen. Beispiele sind die Aktie und der Interimsschein.

Task 31

Welche Arten von Wertpapieren können nach der Art der Bestimmung des aus dem Papier Berechtigten unterschieden werden? Erläutern Sie diese Kategorien!

Nach der Bestimmung des aus dem Papier Berechtigten kann zwischen Inhaber-, Order- und Rektapapieren differenziert werden:

– Inhaberpapiere sind dadurch gekennzeichnet, dass das verbriefte Recht grundsätzlich von jedem Inhaber geltend gemacht werden kann.

– Bei Orderpapieren ist ein bestimmter Berechtigter in der Urkunde genannt. Der Schuldner ist aber nicht nur zur Leistung an diesen verpflichtet, sondern im Falle einer „Order" durch den namentlich bezeichneten auch zur Leistung an den durch diese Order neuen Berechtigten.

– Rektapapiere oder auch Namenspapiere lauten auf eine bestimmte in dem Papier mit Namen bezeichnete Person. Der Schuldner soll bei ihnen „rekta", d.h. direkt an den im Papier namentlich benannten Berechtigten, leisten.

Lektion 12: Wertpapierhandelsgesetz (WpHG)

Das Wertpapierhandelsgesetz (WpHG) regelt die wesentlichen Transaktionen des Kapitalmarkts und wird daher auch als das „Grundgesetz des Kapitalmarktrechts" bezeichnet.

Nach der Bearbeitung dieses Kapitels sollten Sie ein tieferes Verständnis für den Regelungszweck und die praktische Anwendung des Gesetzes gewonnen haben. Auch hier wollen wir zunächst einen Blick auf einen graphischen Gesamtüberblick werfen, der versucht die Zusammenhänge darzustellen.

Es erscheint sinnvoll, sich diesen Zusammenhang anhand eines Inhaltsverzeichnisses dieses Gesetzes herzuleiten:

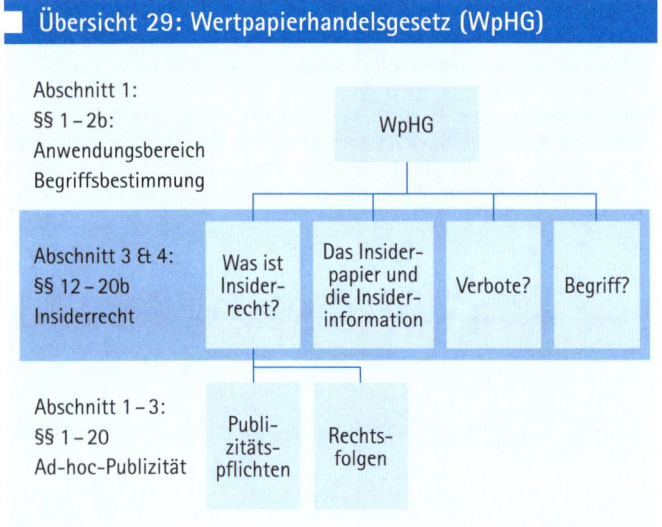

Übersicht 29: Wertpapierhandelsgesetz (WpHG)

Für die nachfolgenden Lektionen ist es unabdingbar, dass Sie die Gesetzestexte vor sich liegen haben und selbstständig die zu besprechenden Paragrafen durchlesen.

Den Anwendungsbereich des WpHG bestimmt das Gesetz in § 1 WpHG selbst, denn dort heißt es:

„§ 1 Anwendungsbereich

1. Dieses Gesetz ist anzuwenden auf die Erbringung von Wertpapierdienstleistungen und Wertpapiernebendienstleistungen, den börslichen und außerbörslichen Handel mit Finanzinstrumenten, den Abschluss von Finanztermingeschäften, auf Finanzanalysen sowie auf Veränderungen der Stimmrechtsanteile von Aktionären an börsennotierten Gesellschaften.

2. Die Vorschriften des dritten und vierten Abschnitts sowie die §§ 34b und 34c sind auch anzuwenden auf Handlungen und Unterlassungen, die im Ausland vorgenommen werden, sofern sie Finanzinstrumente betreffen, die an einer inländischen Börse gehandelt werden.

3. Die Vorschriften des dritten und vierten Abschnitts sowie die §§ 34b und 34c sind nicht anzuwenden auf Geschäfte, die aus geld- oder währungspolitischen Gründen oder im Rahmen der öffentlichen Schuldenverwaltung von der Europäischen Zentralbank, dem Bund, einem seiner Sondervermögen, einem Land, der Deutschen Bundesbank, einem ausländischen Staat oder dessen Zentralbank oder einer anderen mit diesen Geschäften beauftragten Organisation oder mit für deren Rechnung handelnden Personen getätigt werden."

Task 32

Was fällt Ihnen bei diesem § 1 WpHG auf. Was können Sie zu dessen Regelungscharakter sagen? Nehmen Sie sich die Zeit und notieren Sie sich die Antwort, um sie mit der nachfolgenden Lösung abzugleichen.

Nach herrschender Ansicht fehlt § 1 Abs. 1 WpHG ein eigenständiger Regelungsgehalt, weil er keine Anwendungsvoraussetzungen für die nachfolgenden Vorschriften der Abschnitte 2 bis 11 WpHG formuliert, die sich nicht aus diesen selbst (in Verbindung mit den Begriffsbestimmungen und Ausnahmeregelungen in §§ 2, 2a WpHG) ergäben.

Der Norm kommt jedoch, ungeachtet ihres fehlenden Regelungscharakters, in doppelter Hinsicht eine Klarstellungsfunktion zu:

▶ Zum einen macht sie deutlich, dass das Gesetz, sofern sich aus den einzelnen Bestimmungen nichts anderes ergibt, grundsätzlich gleichermaßen auf den börslichen wie den außerbörslichen Handel mit Finanzinstrumenten anzuwenden ist.

▶ Andererseits lässt sich der Vorschrift entnehmen, dass die Börsenaufsicht, einschließlich der diesbezüglichen Zuständigkeit der Länder für dieselbe, nicht in den Regelungsbereich des Gesetzes fällt.

Ich hoffe, Ihnen sind einige Punkte zu diesem Paragrafen eingefallen und Sie haben Übereinstimmungen mit der hier vorliegenden Lösung zu Task 32 gehabt.

Eigenständige Regelungen sind im Anlegerschutzverbesserungsgesetz (AnSVG) vom 28.10.2004 in den Absätzen 2 und 3 des § 1 WpHG getroffen, die tatsächlich den Anwendungsbereich definieren. Auch nach der fortschreitenden Erweiterung des Anwendungsbereichs des WpHG durch diverse Umsetzungsgesetze, das 4. Finanzmarktförderungsgesetz von 2002 und das AnSVG von 2004 liegt sein Schwerpunkt noch immer auf der Regelung und Beaufsichtigung des Marktes für wertpapiermäßig verbriefte Kapitalanlagen und damit auf dem „organisierten" Kapitalmarkt. Mit dem Umsetzungsgesetz von 1997 wurde ein erster, verhaltener Schritt vollzogen, die kapitalmarktrechtlichen Verhaltenspflichten der §§ 31 ff. WpHG auf einzelne Anlagen des „grauen", also unorganisierten und nur durch Rechtsprechung und nicht durch den Gesetzgeber reglementierten Kapitalmarkts zu übertragen. Im Sinne des Standorts Deutschland als Finanzplatz bleibt zu hoffen, dass ein Ausbau des WpHG in diese Richtung und mithin eine Überführung des „grauen" Kapitalmarkts in den „organisierten Kapitalmarkt" vorgenommen wird. Auf dem sogenannten „grauen Kapitalmarkt" werden z.B. Immobilienfondsanteile gehandelt. Wenn kein „organisierter Kapitalmarkt" für eine Anlage besteht, ist offensichtlich, dass die Handelbarkeit stark eingeschränkt ist. Auch können Missbräuche von Marktteilnehmern länger unentdeckt bleiben, was zur Folge hat, dass der Anleger, der Unsauberkeiten entdeckt, keinen liquiden Forderungsgegner vorfindet.

Task 33

Versuchen Sie anhand des Gesetzes (Inhaltsverzeichnis) sich den Begriff der Finanzinstrumente zu definieren.

Der Begriff der Finanzinstrumente ist in § 2 Abs. 2b WpHG geregelt und einheitlicher Anknüpfungspunkt der Vorschrift über die Insiderüberwachung und die Überwachung des Verbots der Kurs- und Marktpreismanipulation. Zu den Finanzinstrumenten zählen Wertpapiere i.S.d. § 2 Abs. 1 WpHG, Derivate i.S.d. § 2 Abs. 2 WpHG, Rechte auf Zeichnung von Wertpapieren und über die Verweisung in § 2 Abs. 2b S. 2 WpHG auch alle sonstigen Instrumente, die zum Handel an einem organisierten Markt im Inland oder in einem Mitgliedsstaat der EU zugelassen sind oder für die ein Zulassungsantrag gestellt wurde.

Insiderpapiere

Anhand von den gewonnenen Erkenntnissen und mit Hilfe der Gesetze (WpHG & BörsG) versuchen wir nun eine Definition für das Insiderpapier herzuleiten. Nachfolgend soll Übersicht 30 einen ersten Eindruck vermitteln.

Übersicht 30: Insiderpapiere

Insiderpapiere sind gemäß § 12 WpHG **Finanzinstrumente**,

1.	– die an einer inländischen Börse zum Handel zugelassen oder in den geregelten Markt – oder in den Freiverkehr einbezogen sind
2.	– die in einem anderen Mitgliedstaat der Europäischen Union oder einem anderen Vertragsstaat des Abkommens über den Europäischen Wirtschaftsraum zum Handel – an einem organisierten Markt zugelassen sind oder
3.	– deren Preis unmittelbar oder mittelbar von Finanzinstrumenten nach Nr. 1 oder Nr. 2 abhängt – Der Zulassung zum Handel an einem organisierten Markt oder der Einbeziehung in den geregelten Markt oder in den Freiverkehr steht gleich, wenn der Antrag auf Zulassung oder Einbeziehung gestellt oder öffentlich angekündigt ist

Auf Grund der graphischen Darstellung aus der Übersicht 30 lässt sich folgender Leitsatz formulieren:

Leitsatz 15

Was macht ein Finanzinstrument zum Insiderpapier?

Nicht jedes Finanzinstrument ist auch ein Insiderpapier, es muss zusätzlich eine der Voraussetzungen des § 12 Abs. 1 S. 1 Nr. 1 bis 3 WpHG erfüllen. Finanzinstrumente sind **Insiderpapiere**, wenn sie an einer inländischen Börse zugelassen oder in den **geregelten Markt** i.S.d. §§ 49 ff. BörsG oder den Freiverkehr i.S.d. § 57 BörsG einbezogen sind. Damit sind ausschließlich im Telefonverkehr oder im „grauen" Kapitalmarkt gehandelte Finanzinstrumente keine Insiderpapiere. Inländische Börsen in diesem Sinne sind **inländische Wertpapierbörsen**, **Terminbörsen** oder **Warenbörsen**.

Task 34

Welche Vorstellungen haben Sie von einem Insiderpapier? Schauen Sie sich hierzu die §§ 2 und 12 des WpHG an. Was qualifiziert ein Wertpapier als Insiderpapier?

Für die Qualifizierung als Insiderpapier ist es irrelevant, ob die Finanzinstrumente im Präsenzhandel oder im elektronischen Handel gehandelt werden. Auch die in einem anderen Mitgliedstaat der EU oder einem anderen EWR-Vertragsstaat zum Handel an einem organisierten Markt zugelassenen Finanzinstrumente zählen gemäß § 12 Abs. 1 Nr. 2 S. 2 WpHG zu den Insiderpapieren. Ein organisierter Markt ist nach § 2 Abs. 5 WpHG ein von staatlich anerkannten Stellen reglementierter und überwachter Markt, welcher regelmäßig stattfindet und für das Publikum unmittelbar oder mittelbar zugänglich ist. Der Zulassung zum Handel an einem ausländischen organisierten Markt entspricht es, wenn ein Antrag auf Zulassung gestellt oder öffentlich angekündigt ist. Durch § 12 Abs. 1 S. 1 Nr. 3 WpHG wird der Kreis der Insiderpapiere in Bezug auf derivative Finanzinstrumente sowohl erweitert als auch eingeschränkt. Das Insiderrecht betrifft Derivate, wenn deren Preis unmittelbar oder mittelbar von Finanzinstrumenten i.S.d. § 12 Abs. 1 S. 1 Nr. 1 oder Nr. 2 WpHG abhängt. Erfasst werden damit in Erweiterung des Anwendungsbereichs auch solche Finanzinstrumente, die sich auf Finanzinstrumente gemäß § 12 Abs. 1 S. 1 Nr. 1 oder Nr. 2 WpHG beziehen, aber ihrerseits nicht selbst an einem inländischen oder ausländischen organisierten Markt gehandelt werden können. Einschränkend werden aber auch nur solche Derivate erfasst, deren Basiswert ein Finanzinstrument nach § 12 Abs. 1 S. 1 Nr. 1 oder Nr. 2 ist. Zu den von § 12 Abs. 1 S. 1 Nr. 3 WpHG erfassten Derivaten gehören insbesondere Optionsverträge, wenn der Basiswert ein von § 12 Abs. 1 S. 1 Nr. 1 und Nr. 2 WpHG erfasstes Finanzinstrument ist. Die klassischen Aktienoptionsprogramme, bei denen der Begünstigte das Recht erhält, eine bestimmte Anzahl an Aktien des eigenen Unternehmens zu einem bei Planbeginn bestimmten Referenzpreis zu erwerben, sind deswegen vom Insiderrecht erfasst.

Anders stellt sich die insiderrechtliche Einordnung von Wertsteigerungsrechten, den so genannten „Stock Appreciation Rights" (SAR) dar, eine in der Praxis der Ausgestaltung von Vergütungsmodellen von Führungskräften wesentliche Frage. Vom Wortlaut des § 12 Abs. 1 S. 1 Nr. 3 WpHG werden diese Rechte zwar grundsätzlich erfasst, nach herrschender Auffassung handelt es sich jedoch nicht um Insiderpapiere, weil diese Wertsteigerungsrechte keine Finanzinstrumente i.S.d. § 2 Abs. 2b WpHG sind. Dieser Auffassung hat sich nunmehr auch die Bundesanstalt für Finanzaufsicht (BaFin) angeschlossen.

Die Verbotstatbestände des § 14 WpHG knüpfen seit dem Inkrafttreten des AnSVG nicht mehr an den Begriff der Insidertatsache, sondern an den der Insiderinformation an.

Leitsatz 16

Insiderinformation

Die Insiderinformation wird in § 13 Abs. 1 S. 1 WpHG definiert als:

„Eine konkrete Information über nicht öffentlich bekannte Umstände, die sich auf einen oder mehrere Emittenten von Insiderpapieren oder auf die Insiderpapiere selbst beziehen und die geeignet sind, im Falle ihres öffentlichen Bekanntwerdens den Börsen- oder Marktpreis der Insiderpapiere erheblich zu beeinflussen".

Diese Begriffsbestimmung reicht weiter als der früher verwendete Begriff der Insidertatsache.

Damit das Vorliegen einer Insiderinformation bejaht werden kann, müssen folgende Voraussetzungen gegeben sein:

▶ Nach der gesetzlichen Definition muss sich der kurssensible Umstand auf einen oder mehrere Emittenten von Insiderpapieren oder auf die Insiderpapiere selbst beziehen, § 13 Abs. 1 S. 1 WpHG. Ein Bezug auf Emittenten liegt dann vor, wenn die Vermögens-, Finanz- oder Ertragslage, der allgemeine Geschäftsverlauf oder die personelle oder organisatorische Struktur des Emittenten betroffen ist. Ein Bezug auf ein Insiderpapier ist dann gegeben, wenn der Handel damit betroffen wird, beispielsweise durch Kurspflegemaßnahmen, Änderung des Dividendensatzes oder beabsichtigte Kursaussetzungen. Insiderinformationen können auch Umstände sein, die den Emittenten nur mittelbar betreffen, wenn diese geeignet sind, den Preis des Insiderpapiers erheblich zu beeinflussen. Beispiele dafür sind etwa Marktdaten oder Marktinformationen wie Zinsbeschlüsse von Notenbanken, Devisenkurse, Rohstoffpreise, branchenspezifische statistische Daten oder Daten und Informationen in Bezug auf den Wertpapierhandel im jeweiligen Insiderpapier (Ordervolumen, Art der Order, Identität des Auftraggebers, Aufnahme in einen Index oder Ausscheiden aus einem Index).

▶ Es muss zudem eine konkrete Information über gegenwärtige oder zukünftige hinreichend wahrscheinliche Umstände vorliegen. Konkret ist die Information, wenn sie hinreichende Grundlage für eine Abschätzung des künftigen Verlaufs des Börsen- oder Marktpreises eines Insiderpapiers sein kann. Der Begriff der Umstände geht über reine Tatsachen hinaus und erfasst auch überprüfbare Werturteile und Prognosen, d.h. bei Kursrelevanz etwa auch die interne Unternehmensplanung. Prognosen und Werturteile können zwar theoretisch Insiderinformationen darstellen, praktisch wird es hierbei jedoch häufig am Tatbestandsmerkmal der Eignung zur Kursbeeinflussung fehlen. Eine Eignung kann etwa bei Gewinnschätzungen eines Vorstandsvorsitzenden vorliegen, da diese aufgrund der besonderen Bedeutung des Prognoseurhebers sehr wohl kursbeeinflussend sein können. Das Eintreten künftiger Ereignisse und Umstände muss hinreichend wahrscheinlich sein. Bloße Gerüchte reichen hierfür i.d.R. nicht aus. Anders wird dies dann beurteilt, wenn das Gerücht einen wahren Kern enthält. Erforderlich ist, dass die Information hinreichend konkret ist, d.h. der Eintritt des entsprechenden Umstands muss vorhersehbar erscheinen. Nicht ausreichend sind daher solche Umstände, die sich erst in einem noch ungewissen, frühen Stadium befinden, wie dies beispielsweise für Sondierungsgespräche über eine eventuelle M&A-Transaktion der Aufgabe sein wird.

Praxishinweis: Unter M&A-Transaktionen versteht man Investitionen durch Unternehmenskäufe, Aufkäufe von Unternehmen oder Fusionen zwischen Unternehmen. Ziele solcher Aktionen sind meistens die Ausschaltung von Konkurrenz, der Kauf von Research & Development-Abteilungen / Patente und potentielle Einsparungen durch Rationalisierungen.

▶ Eine Insiderinformation zeichnet sich des Weiteren dadurch aus, dass sie noch „nicht öffentlich bekannt" ist, § 13 Abs. 1 S. 1 WpHG. Unerheblich ist, ob die unveröffentlichte Information Geheimnischarakter hat bzw. eine vertrauliche Information darstellt oder nicht. Nicht jeder (nicht öffentliche) Informationsvorsprung bedeutet aber, dass gleichzeitig eine Insiderinformation vorliegt, die aus Gründen der Chancengleichheit aller Anleger nicht verwendet werden darf. Finanzanalysten, Kreditinstitute etc. können, wenn sie aufgrund öffentlich zugänglicher Informationen oder allgemeiner Marktkenntnisse einen Wissensvorsprung erlangen, diesen grundsätzlich für sich einsetzen. § 13 Abs. 2 WpHG stellt klar, dass eine „Bewertung, die ausschließlich aufgrund öffentlich bekannter Umstände" erstellt wird, keine Insiderinformation ist, selbst wenn sie den Kurs von Insiderpapieren erheblich beeinflussen kann. Werden auf der Grundlage einer noch nicht veröffentlichten Analyse Wertpapiergeschäfte getätigt, liegt kein Verstoß gegen das Insiderhandelsverbot vor, da dem keine Insiderinformation zugrunde liegt. Öffentlich bekannt ist ein Umstand, wenn eine unbestimmte Anzahl von Personen davon Kenntnis nehmen kann. Entscheidend kommt es nach herrschender Meinung für die Einordnung als „öffentlich bekannt" darauf an, dass jeder interessierte Marktteilnehmer die Möglichkeit hat, von der Insiderinformation Kenntnis zu nehmen. Sobald dies gewährleistet ist, gilt der kurssensitive Sachverhalt nicht mehr als Insiderinformation. Nicht „öffentlich bekannt" ist eine Insiderinformation daher, wenn sie nur einem bestimmten Personenkreis bekannt gemacht wird.

- Weitere Voraussetzung für das Vorliegen einer Insiderinformation ist, dass diese geeignet ist, im Falle ihres öffentlichen Bekanntwerdens den Börsen- oder Marktpreis der Insiderpapiere erheblich zu beeinflussen. Das Tatbestandsmerkmal der Erheblichkeit soll vermeiden, dass jeder Umstand, auch wenn er nur zu einer geringfügigen Preisbewegung führt, als Insiderinformation einzustufen ist. Nach § 13 Abs. 1 S. 2 WpHG, soll eine Eignung zu erheblichen Preisbeeinflussungen dann vorliegen, wenn ein verständiger Anleger die Information bei seiner Anlageentscheidung berücksichtigen würde.

- Der Gesetzgeber verzichtet auf die Festlegung einer prozentualen Marktschwelle der Kurserheblichkeit. Eine Eignung zur Kursbeeinflussung besteht dann, wenn schon die Information für sich genommen, Einfluss auf die Kursbildung am Markt haben kann. Da der Wortlaut der Norm eine Eignung ausreichen lässt, ist unerheblich, ob sich der Preis eines Insiderpapiers nach Bekanntwerden der Insiderinformation wirklich verändert hat.

Schließlich sind in § 13 Abs. 1 S. 4 WpHG noch zwei Regelbeispiele aufgeführt, bei denen „insbesondere" eine Insiderinformation vorliegen soll:

- § 13 Abs. 1 S. 4 Nr. 1 WpHG stellt klar, dass ein Eigengeschäft eines Wertpapierdienstleistungsunternehmens i.S. eines Kaufs oder Verkaufs von Finanzinstrumenten in Kenntnis von kursbeeinflussenden Kauf- oder Verkaufsaufträgen von Kunden, das sogenannte Front Running, einen Verstoß gegen das Verbot des Insiderhandels darstellen kann. In der Praxis stellt sich dies so dar, dass die Bank die Wertpapiere vor Ausführung der Kundenaufträge kauft oder verkauft und sich daraus aufgrund dieser Kenntnis ein geldwerter Vorteil ergibt.

- § 13 Abs. 1 S. 4 Nr. 2 WpHG stellt klar, dass eine Insiderinformation auch eine Information sein kann, die sich auf Warenderivate bezieht und bei der Marktteilnehmer erwarten würden, dass sie diese Information in Übereinstimmung mit der zulässigen Praxis an den betreffenden Märkten erhalten würden. Gemeint sind damit vor allem Informationen, die in Anwendung von Rechts- und Verwaltungsvorschriften, Handelsregeln, Verträgen oder auch sonstigen auf dem Warenderivatenmarkt üblichen Regeln öffentlich bekannt gegeben werden müssen. So sollen etwa Insiderinformationen bei Derivaten auf Strom z.B. Informationen über Kraftwerksausfälle, über die Revision von Kraftwerken, aber auch über Leitungskapazitäten sein.

Task 35

Welche Insiderhandelsverbote kennen Sie? Was versteht man unter dem jeweiligen Verbot?

Um Task 35 zu lösen, folgt eine Aufzählung der verschiedenen Verbote mit einer kurzen Definition:

- Verwendungsverbot:
  Verbot, unter Verwendung von Insiderinformationen Wertpapiere zu erwerben oder zu veräußern, – Weitergabeverbot:

  Verbot einem anderen Insiderinformationen unbefugt weiterzugeben.

- Empfehlungs- und Verleitungsverbot:
  Verbot auf der Grundlage von Insiderinformationen einem anderen Empfehlungen zum Erwerb oder der Veräußerung von Wertpapieren zu geben oder ihn auf sonstige Weise dazu zu verleiten.

Im obigen Praxishinweis wurde erklärt, was unter einer M&A-Transaktion zu verstehen ist. Nachfolgenden werden grob die einzelnen Schritte einer solchen Transaktion beschrieben:

1. Vorbereitungsphase (Due Diligence, DD)
2. Transaktionsphase (Negotiation)
3. Integrationsphase (Closing)
4. Endphase (Post-Merger-Integration)

Wichtige rechtliche Dokumente in einer solchen Transaktion sind der „Letter-of-Intent", die „Due-Diligence" und der Kauf- bzw. Fusionsvertrag. Es ist üblich, bei (internationalen) Transaktionen englische Vertragstexte zu wählen, in denen alle Punkte abgehandelt werden. Daher werden diese Verträge mitunter auch sehr umfangreich. Die Post-Merger-Phase wird meistens unterschätzt (Grund für das Nichterreichen der Targets).

Task 36

Welche Arten von Insidern gibt es? Erläutern Sie diese!

Um sich der Frage in Task 36 zu nähern, wird eine Gegenüberstellung von Primär- und Sekundärinsidern im nachfolgenden Leitsatz 17 vorgenommen.

Leitsatz 17

Primärinsider und Sekundärinsider

Primärinsider sind:

- Personen, die aufgrund ihrer Zugehörigkeit zum **Geschäftsführungs-** oder **Aufsichtsorgan** sowie ihrer Funktion als persönlich haftender Gesellschafter des Emittenten oder eines mit diesem verbundenen Unternehmens über Insiderinformationen verfügen,
- Personen, aufgrund ihrer Beteiligung am Kapital des Emittenten oder eines mit dem Emittenten verbundenen Unternehmens über Insiderinformationen verfügen,
- Personen, die aufgrund ihres Berufs, ihrer Tätigkeit oder ihrer Aufgabe bestimmungsgemäß über Insiderinformationen verfügen
- Personen, die im Zuge der Begehung oder Vorbereitung einer Straftat eine Insiderinformation erlangen.

Sekundärinsider sind Personen:

- die eine Insiderinformation erlangt haben, ohne Primärinsider zu sein. Das Verbot des Insiderhandels ist in § 14 WpHG niedergelegt. Diese Vorschrift definiert, welche **Verhaltensweisen** Insiderhandel darstellen, während die Rechtsfolgen in §§ 38 f. WpHG geregelt sind.

Übersicht 31: § 14 Absatz 1 WpHG

§ 14 Abs. 1 Nr. 1	– Personen, die über eine Insiderinformation i.S.d. § 13 WpHG verfügen, ist es gemäß § 14 Abs. 1 Nr. 1 WpHG verboten, unter Verwendung dieser Information Insiderpapiere für eigene oder fremde Rechnung oder für einen anderen zu erwerben oder zu veräußern. – Man spricht insoweit von einem **Verwendungsverbot.**
§ 14 Abs. 1 Nr. 2	– Weiterhin ist es gemäß § 14 Abs. 1 Nr. 2 WpHG verboten, einem anderen eine Insiderinformation ungefugt mitzuteilen – oder zugänglich zu machen, – was als **Weitergabeverbot** bezeichnet wird.
§ 14 Abs. 1 Nr. 3	– Schließlich verbietet es § 14 Abs. 1 Nr. 3 WpHG, einem anderen auf der Grundlage einer Insiderinformation den Erwerb oder – die Veräußerung von Insiderpapieren zu empfehlen oder – einen anderen auf sonstige Weise dazu zu verleiten. Bezeichnet wird dies als **Empfehlungs-** und **Verleitungsverbot**.

Seit der Änderung des WpHG durch das Anlegerschutzverbesserungsgesetz wird in § 13 WpHG nicht mehr zwischen sog. Primär- und Sekundärinsidern unterschieden. Aufgrund des unterschiedlichen Unrechtsgehalts zwischen einer verbotenen Empfehlung und einer verbotenen Weitergabe bleibt die Unterscheidung jedoch relevant.

(Die nachfolgende Übersicht gilt dem Leser mit einem besonderen Interesse für das Insiderrecht – alle anderen überspringen die nachfolgende Übersicht.)

Übersicht 32: Details zu Primär- und Sekundärinsidern

Primärinsider	– Zu den Primärinsidern gehören nach § 38 Abs. 1 Nr. 2a WpHG die Mitglieder des Geschäftsführungs- und Aufsichtsorgans sowie die persönlich haftenden Gesellschafter des Emittenten oder eines mit diesem verbundenen Unternehmens.
	– § 38 Abs. 1 Nr. 2b WpHG bezieht des Weiteren Anleger mit ein, die die Insiderinformation als Aktionäre auf Grund ihrer Beteiligung am Kapital der Emittenten erlangt haben.
	– Primärinsider sind darüber hinaus alle Personen, die aufgrund ihres Berufes, ihrer Tätigkeit oder ihrer Aufgabe bestimmungsgemäß über eine Insiderinformation verfügen, § 38 Abs. 1 Nr. 2c WpHG.
	– Nach § 38 Abs. 1 Nr. 2d WpHG ist nunmehr aber auch derjenige Primärinsider, der im Zuge der Begehung oder Vorbereitung einer Straftat eine Insiderinformation erlangt.
Sekundärinsider	– Sekundärinsider sind Personen, die eine Insiderinformation erlangt haben, ohne Primärinsider zu sein.
	– Wie im Einzelnen die Kenntniserlangung von der Insiderinformation erfolgte, spielt für die Qualifizierung als Sekundärinsider keine Rolle.
	– Die Information muss auch nicht von einem Primärinsider stammen. Erforderlich ist lediglich, dass der Sekundärinsider weiß, dass es sich bei der Information um eine Insiderinformation handelt.

Um den Überblick zu vervollständigen, werden bereits an dieser Stelle die Insiderhandelsverbote graphisch dargestellt:

Übersicht 33: Insiderhandelsverbote

Insiderhandelsverbote

Verwendungsverbot:	**Weitergabeverbot:**	**Empfehlungs- und Verleitungsverbot:**
Erwerb oder Veräußerung von Insiderpapieren für eigene oder fremde Rechnung oder für einen anderen unter Verwendung einer Insiderinformation	unbefugte Mitteilung oder Zugänglichmachung einer Insiderinformation	einem anderen wird auf der Grundlage einer Insiderinformation der Erwerb/die Veräußerung von Wertpapieren empfohlen oder ein anderer wird auf sonstige Weise dazu verleitet

Task 37

Versuchen Sie anhand der vorgestellten Übersichten darzulegen, welche Handlungen einem „Insider" verboten sind.

Es ist Personen, die über Insiderinformationen verfügen verboten, unter Verwendung dieser Informationen, Insiderpapiere für eigene oder fremde Rechnung oder für einen anderen zu erwerben oder zu veräußern. Mit Erwerb bzw. Veräußerung ist kein bestimmtes juristisch typisiertes Geschäft, insbesondere kein Kaufvertrag, gemeint. Die Begriffe erfassen vielmehr alle wirtschaftlichen Vorgänge, bei denen eine endgültige entgeltliche Verpflichtung zur „Abnahme" oder „Weggabe" eines Finanzinstruments begründet wird.

Maßgeblich für die Vollendung des Tatbestands ist der Abschluss des schuldrechtlichen Geschäfts über das Finanzinstrument bzw. das getätigte Ausführungsgeschäft. Eine Insiderinformation wird für eigene oder fremde Rechnung oder für einen anderen verwendet, wenn der Insider in Kenntnis der Information handelt und diese in sein Handeln, d.h. seine Entscheidung über ein Erwerbs- oder Veräußerungsgeschäft, mit einfließen lässt. Auch wenn man weiterhin davon ausgehen kann, dass damit regelmäßig die Absicht verbunden sein wird, dadurch einen wirtschaftlichen Vorteil aus dem vorhandenen Wissensvorsprung zu ziehen, ist dieses Element des „Ausnutzens" des Informationsvorsprungs nach der Neuregelung des Insiderrechts nicht mehr Tatbestandsvoraussetzung. Allerdings ist mittlerweile anerkannt, dass ein Handeln unter aktivem Gebrauchmachen von Insiderinformationen zu verlangen ist, dass also die Kenntnis der Insiderinformation ursächlich für das Handeln des Insiders sein muss.

Nach § 14 Abs. 1 Nr. 2 WpHG ist es verboten, einem anderen eine Insiderinformation ungefugt mitzuteilen oder zugänglich zu machen. Eine Mitteilung oder Zugänglichmachung setzt voraus, dass der Dritte auch tatsächlich Kenntnis erlangt hat. Es ist nicht erforderlich, dass es auch zu einer Wertpapiertransaktion, die die Interessen der Anleger verletzt, kommt. Ziel des Weitergabeverbots ist es, den eine Insiderinformation kennenden Personenkreis so klein wie möglich zu halten, sodass die Gefahr von Insidergeschäften so gering wie möglich ist. Neben dem aktiven Mitteilen ist auch das das bloße Zugänglichmachen, d.h. die Ermöglichung des Zugangs zu Insiderinformationen, strafbar. Die Weitergabe muss zudem unbefugt erfolgen. Dabei handelt es sich um ein tatbestandsbeschränkendes Merkmal. Dadurch wird der Tatsache Rechnung getragen, dass die unternehmerischen und betrieblichen Erfordernisse es teilweise gebieten, Insiderinformationen in bestimmtem Umfang weiterzugeben. Erfolgt die Weitergabe also befugt, liegt in diesem Verhalten kein Unrechtsakt. Eine Weitergabe ist dann unbefugt i.S.d. § 14 Abs. 1 Nr. 2 WpHG, wenn sie nicht aus betrieblichen oder rechtlichen Gründen erforderlich ist.

Ein Insider darf seine Kenntnis von der Insiderinformation auch nicht dahingehend verwenden, dass er einem anderen den Erwerb oder die Veräußerung von Insiderpapieren empfiehlt oder einen anderen auf sonstige Weise zum Erwerb oder zur Veräußerung verleitet. Die Empfehlung ist als ein Unterfall des Verleitens anzusehen. Als Empfehlung gilt jede einseitige, rechtlich unverbindliche Erklärung, mit der jemand die Absicht verfolgt, den Willen des Adressaten zu beeinflussen. Sie braucht nicht selbst die Information zu enthalten oder auch nur anzudeuten, dass eine Insiderinformation verwendet wird. Es genügt vielmehr, dass die Empfehlung aufgrund einer Insiderinformation erteilt wird. Auch in der nur indirekten Nahelegung einer Transaktion kann eine Empfehlung liegen.

Task 38

Rechtsanwalt Gründer überlegt sich, nachdem er nun das Insiderrecht kennengelernt hat, ob es auch für Rechtsanwaltskanzleien relevant sein könnte. Was würden Sie ihm raten?

Auch bei Rechtsanwaltskanzleien können Insiderrechtliche Fragen eine Rolle spielen. Auf der einen Seite haben Rechtsanwälte ein Berufsgeheimnis zu wahren, vergessen darüber hinaus aber, dass auch innerhalb von Kollegen, innerhalb und außerhalb der Kanzlei, die Weitergabe von Verkaufsempfehlungen oder Hinweisen verboten sein kann.

Wer ist nach dem Insiderrecht (Wertpapierhandelsgesetz) ein Insider?

Leitsatz 18

Insider i.S.d. Wertpapierhandelsgesetzes sind nach § 38 Abs. 1 Nr. 2 WpHG:

Personen, die aufgrund ihrer Zugehörigkeit zum **Geschäftsführungs-** oder **Aufsichtsorgan** sowie ihrer Funktion als persönlich haftender Gesellschafter des Emittenten oder eines mit diesem verbundenen Unternehmens über Insiderinformationen verfügen,

Personen, aufgrund ihrer **Beteiligung am Kapital** des Emittenten oder eines mit dem **Emittenten** verbundenen Unternehmens über Insiderinformationen verfügen,

Personen, die aufgrund **ihres Berufs**, ihrer Tätigkeit oder ihrer Aufgabe bestimmungsgemäß über Insiderinformationen verfügen, Personen, die im Zuge der Begehung oder Vorbereitung einer **Straftat** eine Insiderinformation erlangen.

Neben diese so genannten Primärinsider tritt die Kategorie der Sekundärinsider. Hierbei handelt es sich um Personen, die eine Insiderinformation erlangt haben, ohne Primärinsider zu sein. Wie im Einzelnen die **Kenntniserlangung** von der Insiderinformation erfolgte, spielt für die Qualifizierung als Sekundärinsider **keine Rolle**. Die Information muss auch nicht von einem Primärinsider stammen. Erforderlich ist lediglich, dass der Sekundärinsider weiß, dass es sich bei der Information um eine Insiderinformation handelt.

Task 39

Bitte versuchen Sie sich § 15 WpHG zu nähern. Nehmen Sie den juristischen Merksatz: „wer will was von wem woraus" zu Hilfe.

Ein Kernbereich des geltenden Insiderrechts ist die in § 15 WpHG normierte Verpflichtung des Emittenten, Insiderinformationen zu veröffentlichen. Diese Ad-hoc-Publizitätspflicht wurde in Umsetzung der europarechtlichen Börsenzulassungsrichtlinie zunächst mit dem Börsenzulassungsgesetz vom 16.12.1986 in § 44a BörsG (a.F.) eingeführt, mit dem 2. Finanzmarktförderungsgesetz mit Wirkung zum 01.01.1995 in § 15 WpHG überführt und mit dem AnSVG an die Vorgaben der Marktmissbrauchsrichtlinie angepasst.

Grundsatz der Ad-hoc-Publizität ist es, dass der Wissensvorsprung, den die Träger von Insiderinformationen gegenüber den Marktteilnehmern haben, durch eine Pflicht zur Veröffentlichung dieser Informationen aufgehoben wird.

Leitsatz 19

§ 15 WpHG

Der Tatbestand des § 15 WpHG unterscheidet zwischen:
- einer allgemeinen Publizitätspflicht, § 15 Abs. 1 S. 1 WpHG,
- einer Veröffentlichungspflicht aufgrund Weitergabe von Insiderinformationen, § 15 Abs. 1 S. 4, 5 WpHG, und
- einer Pflicht zur Korrektur fehlerhafter Ad-hoc-Meldungen, § 15 Abs. 2 S. 2 WpHG.

§ 15 Abs. 1 S. 1 WpHG normiert eine Mitteilungspflicht des Emittenten von Finanzinstrumenten, die an einem deutschen organisierten Markt zugelassen sind oder für die eine solche Zulassung beantragt ist. Diese Publizitätspflicht gilt daher nur für Emittenten von Finanzinstrumenten, die zum amtlichen Handel oder geregelten Markt zugelassen, nicht jedoch für solche, die lediglich in den geregelten Markt oder Freiverkehr einbezogen sind, weil diese nach § 2 Abs. 5 WpHG keine organisierten Märkte im Sinne des Gesetzes sind.

Die Veröffentlichungspflicht aus § 15 Abs. 1 S. 1 WpHG bezieht sich auf sämtliche Insiderinformationen, unabhängig davon, ob der Emittent Kenntnis von dieser Information hat. Einschränkend sind jedoch nur solche Insiderinformationen zu publizieren, die den Emittenten unmittelbar betreffen, wie sich aus § 15 Abs. 1 S. 1, 3 WpHG ergibt. Nicht ausreichend ist nach dem eindeutigen Wortlaut der Vorschrift, wenn die Insiderinformation lediglich das emittierte Finanzinstrument betrifft und sich nicht unmittelbar auf den Emittenten selbst auswirkt.

Der Teilbereich der veröffentlichungspflichtigen Insiderinformationen hängt also maßgeblich von einer Konkretisierung des Begriffs des unmittelbaren Betreffens ab. § 15 Abs. 1 S. 3 WpHG führt dabei als Regelbeispiel an, dass eine Insiderinformation den Emittenten dann unmittelbar betrifft, wenn sie sich auf Umstände bezieht, die in seinem Tätigkeitsbereich eingetreten sind. Darunter fallen Geschäftsabschlüsse, Vorstandsbeschlüsse, Aufsichtsratsbeschlüsse, Strukturmaßnahmen, aber auch Planungen, Strategien und Absichten, soweit ihnen die erforderliche Kursrelevanz zukommt.

Dies bedeutet aber nicht, dass ausschließlich Insiderinformationen mit unternehmensinternem Bezug veröffentlicht werden müssen. Vielmehr können auch unternehmensexterne Umstände unmittelbaren Bezug zum Emittenten aufweisen. Bestes Beispiel ist hier die Übermittlung eines Übernahmeangebots i.S.d. § 29 Abs. 1 WpÜG durch eine Bietergesellschaft.

Die Veröffentlichung einer Insiderinformation hat nach § 15 Abs. 1 S. 1 WpHG unverzüglich zu erfolgen. Der Emittent muss seine Pflicht somit ohne schuldhaftes Zögern erfüllen, § 121 Abs. 1 S. 1 BGB. Der Mindestinhalt, die Art, der Umfang und die Form der Veröffentlichung sind durch §§ 4 ff. WpAIV festgelegt. So ist in § 5 Abs. 1 S. 1 Nr. 1 WpAIV die Veröffentlichung über ein elektronisch betriebenes Informationsverbreitungssystem vorgeschrieben, das bei Kreditinstituten, nach § 53 Abs. 1 S. 1 KWG tätigen Unternehmen, anderen Unternehmen, die ihren Sitz im Inland haben und an einer inländischen Börse zur Teilnahme am Handel zugelassen sind, und Versicherungsunternehmen weit verbreitet ist. Damit soll eine zeitliche Nähe zwischen Informationsentstehung und Öffentlichkeit ermöglicht werden.

Außerdem ist die Information im Internet unter der Adresse des Emittenten zu veröffentlichen, § 5 Abs. 1 S. 1 Nr. 2 WpAIV. Abgesehen davon ist die Information nach § 3a Abs. 1 WpAIV Medien zur Veröffentlichung zuzuleiten. Schließlich muss sichergestellt sein, dass die Information in der gesamten Europäischen Union und in den übrigen Vertragsstaaten des Europäischen Wirtschaftsraum (EWR) verbreitet wird.

Mehrstufige Entscheidungsprozesse

Aufgrund der geringen – also leicht zu erfüllenden – Anforderungen, die § 15 Abs. 1 S. 1 WpHG an die zu veröffentlichende Insiderinformation stellt, können insbesondere bei mehrstufigen Entscheidungsprozessen diese Tatbestandsvoraussetzungen erfüllt sein, obwohl das gewünschte Ergebnis des Entscheidungsprozesses noch nicht erreicht ist und eine Veröffentlichung des Entscheidungsvorgangs denselben gefährden würde. Aus diesem Grund hat der Gesetzgeber mit § 15 Abs. 3 WpHG einen Befreiungstatbestand geschaffen, der dem Emittenten eigenverantwortlich die Möglichkeit eröffnet, von einer Veröffentlichung nach § 15 Abs. 1 S. 1 WpHG zunächst abzusehen. Die Möglichkeit des Aufschubs der Veröffentlichung besteht jedoch nur, solange berechtigte Interessen des Emittenten die Befreiung von der Publizitätspflicht erfordern, keine Irreführung der Öffentlichkeit zu befürchten ist und der Emittent die Vertraulichkeit der Insiderinformation gewährleisten kann.

Task 40
Versuchen Sie in diesem Zusammenhang die Begriffe „berechtigtes Interesse", „Irreführung der Öffentlichkeit" und „Vertraulichkeit der Insiderinformation" zu definieren.

Die Begriffe lassen sich in dem hier vorliegenden Zusammenhang wie folgt definieren:

▶ Ein berechtigtes Interesse des Emittenten liegt immer dann vor, wenn durch eine Veröffentlichung der Information unternehmerische Ziele oder Entwicklungen vereitelt, gefährdet oder erheblich beeinträchtigt würden.

▶ Eine Irreführung der Öffentlichkeit liegt dann vor, wenn der Emittent während des Befreiungszeitraums aktiv Signale setzt, die zu der noch nicht veröffentlichten Insiderinformation in Widerspruch stehen.

▶ Eine Gewährleistung der Vertraulichkeit liegt nach § 7 WpAIV dann vor, wenn der Emittent während der Befreiung i.S.d. § 15 Abs. 3 WpHG den Zugang zur Insiderinformation kontrolliert und bestenfalls dies auch dokumentiert.

Insiderinformationen müssen nach § 15 Abs. 1 S. 4 WpHG auch veröffentlicht werden, wenn sie vom Emittenten selbst oder von einer anderen Person, die in dessen Auftrag oder auf dessen Rechnung handelt, im Rahmen seiner Befugnisse einem Dritten zugänglich gemacht werden. Durch diesen Gleichbehandlungsgrundsatz soll gewährleistet werden, dass Dritte von Insiderinformationen nicht früher als die Öffentlichkeit in Kenntnis gesetzt werden. Zugleich wird der Adressatenkreis der Publizitätspflicht auf Personen ausgedehnt, mit denen zumindest ein vorvertragliches bzw. vermeintliches Schuldverhältnis besteht. Die Befugnis zur Weitergabe stellt dabei die Kehrseite der verbotenen Weitergabe nach § 14 Abs. 1 Nr. 2 WpHG dar. Wird die Information dem Dritten unwissentlich zugänglich gemacht, so ist die Veröffentlichung nach § 15 Abs. 1 S. 5 WpHG unverzüglich nachzuholen. Bei beiden Alternativen wird im Gegensatz zu § 15 Abs. 1 S. 1 WpHG nicht vorausgesetzt, dass die Insiderinformation den Emittenten unmittelbar betrifft. Allerdings dürften unternehmensexterne Umstände, die den Emittenten nicht unmittelbar betreffen, nur in seltenen Fällen nicht öffentlich bekannt sein. Die Veröffentlichungspflicht besteht nicht, wenn der Dritte rechtlich, also gesetzlich oder vertraglich, zur Vertraulichkeit verpflichtet ist.

Schließlich wird das Ziel umfassender Transparenz für den Kapitalmarkt weiter dadurch gefördert, dass derjenige, der eine unwahre Insiderinformation veröffentlicht, diese nach § 15 Abs. 2 S. 2 WpHG in einer Korrekturmitteilung richtig stellen muss. Allerdings sind nur Tatsachen der Überprüfung auf ihre Wahrheit zugänglich. Eine Berichtigungspflicht im Falle von Werturteilen oder Prognosen kann sich daher nur auf deren Tatsachengehalt erstrecken.

Task 41
Welche Publizitätspflichten kennen Sie?

Unter welchen Voraussetzungen kann die Veröffentlichung von publizitätspflichtigen Tatsachen ausgesetzt werden?

Die allgemeine Publizitätspflicht, die Veröffentlichungspflicht wegen Insiderinformationsweitergabe und die Pflicht zur Korrektur fehlerhafter Ad-hoc-Meldungen.

Die Aussetzung kann erfolgen, solange berechtigte Interessen des Emittenten vorliegen, keine Irreführung der Öffentlichkeit zu befürchten ist und der Emittent die Vertraulichkeit der Insiderinformation gewährleisten kann.

■ Task 42

Ausgehend von den Bestimmungen, die zu einer Verletzung der Publizitätspflichten führen, prüfen Sie nun anhand des Gesetzes, was die Folgen einer solchen Verletzung sind.

Unterlässt ein Emittent von Wertpapieren eine erforderliche Ad-hoc-Mitteilung, verspätet sich diese oder ist sie gar unwahr, so macht er sich unter den weiteren Voraussetzungen der §§ 37b, 37c WpHG gegenüber dem Anleger schadensersatzpflichtig.

Die Rechtsnatur dieser Emittentenhaftung ist nach wie vor umstritten. Einerseits werden die §§ 37b, 37c WpHG als Normen der besonderen Deliktshaftung verstanden, andererseits können diese aber auch als Aufgabe der gesetzlichen Vertrauenshaftung angesehen werden. Praktisch relevant wird dieser Meinungsstreit für mögliche Mittäter oder Beteiligte bei der Frage der Anwendbarkeit von § 830 Abs. 1 S. 1 BGB, welcher nur dann Anwendung findet, wenn §§ 37b, 37c WpHG deliktische Regelungen darstellen.

Für das Vorliegen einer Delikthaftung spricht vor allem, dass die §§ 37b, 37c als Ersatz für die ausdrücklich in das Gesetz aufgenommene mangelnde Schutzgesetzqualität des § 15 WpHG fungieren sollen. Damit tritt an die Stelle einer möglichen deliktischen Haftung nach § 823 Abs. 2 BGB, welche stets das Hinzutreten eines Schutzgesetzes erfordert, eine sonderdeliktische Haftung über spezielle Regelungen im WpHG. Folglich ist § 830 BGB im Hinblick auf die §§ 37b, 37c WpHG grundsätzlich anwendbar. Allerdings richtet sich die Verjährung dann nach den speziellen Regelungen der §§ 37b Abs. 3, 37c Abs. 4 WpHG, da ein Schadensersatzanspruch aus § 830 BGB nicht eine längere Verjährungsfrist haben kann als die der Haftung zugrunde liegende unerlaubte Handlung. Adressat der Haftung ist grundsätzlich der Emittent.

Praxishinweis: In Firmen, in denen die Problematiken des Insiderhandels verstärkt eine Rolle spielen können, sollte daher das Personal ausreichend geschult werden und eine Checkliste geführt werden. In einer solchen Checkliste sollte auf der einen Seite klargestellt werden, was vertraulich zu behandeln ist, wo Konflikte auftreten könnten und was konkret verboten ist. Auf der anderen Seite sollte ein Insiderverzeichnis geführt werden.

Die Regelungen über den Insiderhandel in der Europäischen Union haben sich im Rahmen der Marktmissbrauchsrichtlinie (Richtlinie 2003/6/EG) angepasst. Es bestehen nur minimale Unterschiede in der Ausgestaltung der gesetzlichen Vorschriften.

In den USA sind die Regelungen über den Insiderhandel eher dem Gesellschaftsrecht zuzuordnen. Der Insider bekommt die Stellung eines Informationsverwahrer zugunsten des Emittenten. Dies hat zur Folge, dass ein Missbrauch von Insiderinformationen zu einer Art Untreuetatbestand gegenüber dem Emittenten führt.

Lektion 13: Depotgesetz (DepotG)

Durch die Bearbeitung dieser Lektion sollen Sie einen tieferen Einblick in die rechtspraktische Ausgestaltung des Kapitalmarktrechts gewinnen. Neben den Grundlagen des Depotgeschäfts werden Sie mit den unterschiedlichen Verwahrungsformen sowie Art und Ausmaß der verschiedenen Verwaltungspflichten der Depotführerin vertraut gemacht. Die nachfolgende Übersicht soll einen Überblick über die zu bearbeitenden Themen bieten.

Übersicht 34: Depotgesetz und Kreditwesengesetz

Depotgesetz Kreditwesengesetz

Verwahrungsarten:
Offenes Depot
Geschlossenes Depot

Depottypen:
Eigendepot
Fremd-/Ander- und Treuhanddepot
Pfanddepot
Sonderpfanddepot

Sicherheit:
Girosammelverwahrung = Zentralverwahrer z.B. der Server der Clearstream befindet sich in der Nähe der Börse Frankfurt am Main

Gebühren:
Die Gebühren richten sich zumeist nach der Art und dem Aufwand des zu betreibenden Aufwandes durch die Bank.

Depotübertrag:
Übertragung von Bank zu Bank, zumeist elektronisch, im Rahmen der Abgeltungssteuer wurde die Übertragung komplizierter

In § 1 Abs. 1 S. 2 Nr. 5 KWG ist das Depotgeschäft als Bankgeschäft und als Verwahrung und Verwaltung von Wertpapieren für andere definiert.

Task 43
Was heißt das, wenn gesagt wird, dass das Depotgeschäft als Bankgeschäft und als Verwahrung und Verwaltung von Wertpapieren für andere definiert ist für das Vertragsverhältnis. Wie könnte ein Kommissionsgeschäft mit dieser Vertragsgestaltung im Zusammenhang stehen. Falls Ihnen die Begrifflichkeit „Kommission nicht geläufig ist, empfiehlt es sich, das Wort nachzuschlagen.

Ein Depotverhältnis zwischen der Bank und ihrem Depotkunden entsteht im Allgemeinen aus der Ausführung von Einkaufskommissionen der Bank für den Depotkunden als Kommittenten. Denn in der Regel wird die Bank zur Erfüllung ihrer entsprechenden Verpflichtung aus dem Kommissionsvertrag, die von ihr gekauften Wertpapiere im Rahmen eines mit dem Kunden abgeschlossenen Depotvertrags, an den Kunden übereignen. Jedoch führt auch eine schlichte Einlieferung von Wertpapieren des Depotkunden in das Kundendepot der Depotbank zu einem Depotverhältnis. In beiden Fällen entsteht ein Verwahrverhältnis, das im Wesentlichen durch das Depotgesetz (DepotG), die Sonderbedingungen für Wertpapiergeschäfte und die §§ 688 ff. BGB geregelt wird. Zu beachten ist in diesem Zusammenhang, dass der Verwahrer nach § 3 Abs. 1 DepotG berechtigt ist, die Wertpapiere unter seinem eigenen Namen einem anderen Verwahrer zur Verwahrung anzuvertrauen. Hierdurch wird die Auslegungsregel des § 691 S. 1 BGB wonach der Verwahrer im Zweifel nicht berechtigt ist, die hinterlegte Sache bei einem Dritten zu hinterlegen, in ihr Gegenteil verkehrt.

Praxishinweis: *Die Depotbank des Hinterlegers verwahrt in aller Regel also die Wertpapiere nicht selbst, sondern schließt ihrerseits einen Depotvertrag mit dem Verwahrer der nächst höheren Stufe ab, der i.d.R. wiederum mit dem Verwahrer der nächsten Stufe ebenfalls einen Depotvertrag abschließt. Im Ergebnis kommt es zu einer pyramidenförmigen Stufung der Depotverträge, welche zumeist bis zum Zentralverwahrer – einer Wertpapiersammelbank – reicht. Wertpapiersammelbanken werden in § 1 Abs. 3 S. 1 DepotG als Kreditinstitute definiert, welche von der nach Landesrecht zuständigen Stelle des Landes, in dessen Gebiet das Kreditinstitut seinen Sitz hat, als solches anerkannt sind.*

Task 44

Welche Besonderheiten könnte es bei den Gebühren für die Tätigkeit der Depotbank geben?

Die Depotgebühren richten sich zumeist nach Umfang und Art der Tätigkeit der Depotbank. Auch spielt es für die „üblichen" Depotgebühren eine Rolle, wie hoch die Bestände bei der Bank sind. Es gibt verschiedene Direktbanken und Fondsgesellschaften, die kostenfreie Depotführung anbieten. Zu beachten ist aber, dass die Depotbank für die Übertragung des Depots dem Kunden keine eigenen Gebühren in Rechnung stellen darf.

Praxishinweis: Zu denken ist auch an eine aktuelle BGH Entscheidung, wonach den Kreissparkasseninstituten eine einseitige Möglichkeit der Anhebung/Anpassung der Gebühren untersagt wurde. Diese Entscheidung erstreckte sich zwar auf den Kreditvertrag, ist aber nach Ansicht des Autors auf andere Bankgeschäfte übertragbar, weil der Verbraucher bei diesen Geschäften im selben Rahmen benachteiligt wird.

Der Depotvertrag verpflichtet die Bank zur Verwahrung und Verwaltung der vorhandenen und der anzuschaffenden Wertpapiere. Man kann zwischen offenen und geschlossenen Depots unterscheiden. Verwahrung meint die Führung eines offenen Depots, d.h. die Wertpapiere sind der Bank unverschlossen zum Zwecke der Verwaltung anvertraut.

Der Gegensatz zum offenen Depot ist das geschlossene Depot, bei dem die Bank Wertsachen, insbesondere Dokumente, in verschlossenem Umschlag oder Behälter verwahrt, ohne von deren Inhalt Kenntnis zu erlangen und ohne die Verpflichtung, den Inhalt des verschlossenen Behälters zu verwalten. Diese Dienstleistung nennt man die Annahme und Aufbewahrung von Verwahrstücken. Sind in dem geschlossenen Umschlag Wertpapiere, besteht also für den Verwahrer keine Rechtspflicht zum Zins- oder Dividendeninkasso. Die Aufbewahrung des verschlossenen Umschlags oder Behälters ist weder Depotgeschäft noch überhaupt eine Wertpapiernebendienstleistung im Rechtssinne.

Übersicht 35: Gegenüberstellung: Offenes und Geschlossenes Depot

Offenes Depot	Verwahrung meint die Führung eines **offenen Depots**; d.h. die Wertpapiere sind der Bank unverschlossen zum Zwecke der Verwaltung anvertraut
Geschlossenes Depot	Der Gegensatz zum offenen Depot ist das geschlossene Depot, bei dem die Bank Wertsachen, insbesondere Dokumente in verschlossenem Umschlag oder Behälter verwahrt, ohne von deren Inhalt Kenntnis zu nehmen und ohne die Verpflichtung, den Inhalt des verschlossenen Behälters zu verwalten.
	Diese Dienstleistung nennt man die Annahme und Aufbewahrung von Verwahrstücken. Sind in dem geschlossenen Umschlag Wertpapiere, besteht also für den **Verwahrer** keine Rechtspflicht zum **Zins- oder Dividendeninkasso**.
	Die Aufbewahrung des verschlossenen Umschlags oder Behälters ist weder Depotgeschäft, noch überhaupt eine **Wertpapiernebendienstleistung** im Rechtssinne.

Wünscht der Depotkunde statt der Sammelverwahrung eine Sonderverwahrung, so muss er dies gemäß § 2 S. 1 DepotG ausdrücklich verlangen, es sei denn, die Wertpapiere sind nicht vertretbar oder von der Wertpapiersammelbank nicht zugelassen und einer Sammelverwahrung deshalb nicht zugänglich.

Einzelverwahrte Wertpapiere erhalten einen breiten Streifen, auf dem Name und Anschrift des Hinterlegers sowie die Art und die Menge der Wertpapiere verzeichnet sind, weshalb diese Verwahrform auch Streifbandverwahrung genannt wird. Nach § 2 S. 1 DepotG muss der Depothalter die Wertpapiere gesondert von seinen eigenen Beständen und von Beständen Dritter halten und sie nach § 14 DepotG im Verwahrungsbuch verzeichnen. Dem Hinterleger der Wertpapiere steht ein Herausgabeanspruch gegen den Verwahrer zu. Der Eigentümer ist mittelbarer, der Verwahrer unmittelbarer Besitzer.

Task 45

Rufen Sie sich nochmals die Regeln über die Eigentumsübertragung nach § 929 BGB ins Gedächtnis („ein Blick ins Gesetz erleichtert die Rechtsfindung") und überlegen Sie hiervon ausgehend, welche Besonderheiten bei einem Depot bestehen könnte.

Beim Verkauf der in Sonderverwahrung befindlichen Wertpapiere findet der Eigentumsübergang nach § 929 S. 1 BGB durch Einigung und Übergabe statt. Letztere geschieht durch effektive Lieferung der Wertpapiere durch Boten von Bank zu Bank. Um zur Abrechnung die Möglichkeiten der EDV und der Wertpapiersammelbank als Clearingstelle nutzen zu können, hat sich das so genannte Durchlieferungsverfahren entwickelt. Dabei entnimmt das Kreditinstitut des Verkäufers die Stücke seiner Sonderverwahrung und übersendet diese per Boten an die Clearstream Banking AG als einzige noch bestehende Wertpapiersammelbank. Hat der Kontrahent, gemeint ist die Bank des Wertpapierkäufers, den Gegenwert auf dem Geldkonto bei der Wertpapiersammelbank gutgebracht, händigt der Vertreter des Verkäufers der Bank des Käufers die gelieferten Stücke aus. Zeitgleich schreibt die Clearstream Banking AG der Verkäuferbank den Gegenwert gut.

Sammelverwahrung

In dieser regelmäßig gewählten und eindeutig vorherrschenden Form der Wertpapierverwahrung, der Sammelverwahrung, werden vertretbare Papiere derselben Art ungetrennt und gesammelt aufbewahrt, was im Regelfall bei einer Wertpapiersammelbank im Sinne von § 1 Abs. 3 DepotG geschieht. Die Sammelverwahrung wird regelmäßig durch die Clearstream Banking AG ausgeführt. Dieses Kreditinstitut besorgt für Banken – nicht für private Kunden – Depotgeschäfte. Wünscht ein Kunde die Sammelverwahrung nicht durch eine Wertpapiersammelbank, also de facto die Clearstream Banking AG, so muss er dies ausdrücklich und schriftlich gegenüber „seiner" Depotbank klarstellen.

Der einbringende Eigentümer verliert nach § 7 Abs. 1 letzter Halbsatz DepotG sein Alleineigentum und erwirbt gemäß § 6 DepotG Miteigentum nach Bruchteilen an den zum Sammelbestand gehörenden Wertpapieren derselben Art. Nach herrschender Auffassung handelt es sich hierbei um einen Eigentumserwerb sui generis. Durch die Eintragung des Übertragungsvermerks im Verwahrungsbuch und den Eingang beim Sammelverwahrer geht das Miteigentum auf den Hinterleger über. Es bedarf hierzu keiner Einigung über die Eigentumsübernahme und auch keiner Vermischung im Sinne von § 948 BGB. Der rechtsgeschäftliche Wille der Beteiligten ist ohne Bedeutung. Jeder Miteigentümer kann über seinen Anteil frei verfügen. Die Übertragung des Anteils ist unabhängig von einer Zustimmung und dem Willen der übrigen Bruchteilseigentümer – und auch von der des Verwahrers – möglich. Die Übertragung kann ohne deren Mitwirkung und sogar gegen deren Willen vorgenommen werden. Die Besitzverhältnisse sind spätestens seit einer Entscheidung des OLG Karlsruhe dahingehend entschieden, dass der Sammelverwahrer unmittelbarer Fremdbesitzer, die vermittelnde Depotbank mittelbare Fremdbesitzerin und der Depotkunde mittelbarer Eigenbesitzer ist. Durch diese Besitzverhältnisse wird unter anderem ein gutgläubiger Eigentums- oder Pfandrechtserwerb durch den Sammelverwahrer ausgeschlossen.

Task 46
Können Sie sich vorstellen, was hinter dem Begriff „Tauschverwahrung" zu verstehen ist?

Die Tauschverwahrung ist eine besondere Form der Sonderverwahrung. Bei ihr ist das Kreditinstitut berechtigt, die ihm zur Sonderverwahrung anvertrauten Wertpapiere bei der Rückgabe oder schon vorher durch andere Wertpapiere derselben Art zu ersetzen. Der Austausch hat so zu erfolgen, dass das Sondereigentum in keinem Augenblick beeinträchtigt oder zweifelhaft wird. Es wechselt also nur der Gegenstand des Eigentums und der Hinterlegung, nicht jedoch die Person des Eigentümers und des Hinterlegers. Die Übereignung der an die Stelle der bisherigen Wertpapiere tretenden Stücke erfolgt durch entsprechende Kennzeichnung.

Task 47
Rechtsanwalt Gründer hat sich nach einigem hin und her dafür entschieden, seine stolzen Mandatserlöse in Aktien anzulegen. Der Gang zur Bank ist ihm aber zu wider. Solange die Bank nicht zu ihm kommt, weil er ein besonders wichtiger Kunde ist, möchte er einen anderen Weg finden, seine Aktiengeschäfte mit der Bank abzuschließen.

Haben Sie eine Idee, wie unserem Rechtsanwalt Gründer geholfen werden könnte?

Rechtsanwalt Gründer könnte seine angestaubten Computerkenntnisse auffrischen und ein e-Depot eröffnen. Was bedeutet dies für unsere Lösung aus Task 47?

Das e-Depot ist eigentlich keine eigene Verwahrungsart von Wertpapieren wie die Sammel- oder Sonderverwahrung. Es handelt sich lediglich um die elektronische Form der oben genannten Verwahrungsformen, welche dann wiederum die oben dargestellten juristischen Besonderheiten und Unterschiede aufweisen.

Im Zuge der wachsenden Relevanz von e-Depots kam es in der Vergangenheit zu einigen gerichtlichen Konkretisierungen der vertraglichen Verpflichtungen. Die online-Bank muss die von ihr bereitgestellten sicheren Zugangswege über das Internet jederzeit aufrecht erhalten und so gestalten, dass eingehende Aufträge zum An- und Verkauf des Depotinhalts unverzüglich ausgeführt werden können. Geschieht dies nicht, haftet die Bank für entstehende Schäden z.B. bei zwischenzeitlichem Kursverlust einer Verkaufsorder, wobei der Kunde unter Umständen als Ausfluss seiner Schadensminderungspflicht nach § 254 BGB zu einem Deckungskauf verpflichtet sein kann.

Gerade beim e-Depot wachsen die verschiedenen Bereiche – wie Wertpapierankauf, Wertpapierverkauf, Verwahrung / Verwaltung der Papiere und Abrechnung über ein Verrechnungskonto – untrennbar zusammen. So wird z.B. bei Eröffnungen von e-Depots bereits zwingend die Börsenerfahrung abgefragt. Zahlreiche Fragen zum Pflichtenumfang und damit der Haftungsreichweite des e-Depot-Anbieters sind jedoch noch nicht abschließend geklärt und lassen Raum für Auslegung und unterschiedliche Rechtsauffassungen. Zu denken ist hier unter Anderem an alle Regeln über den Verbraucherschutz z.B. die Möglichkeit der Widerrufrechte.

Task 48

Die Depotbank ist neben der bloßen Verwahrung der Wertpapiere auch verpflichtet, diese zu verwalten. Dies stellt der Wortlaut des § 1 Abs. 1 S. 2 Nr. 5 KWG eindeutig klar. Diese zweite Hauptpflicht der Depotbank soll im Folgenden genauer betrachtet werden. Insbesondere die rechtlichen Grundlagen, die verschiedenen Ausgestaltungen dieser Verwaltung und deren Konsequenzen für den Depotinhaber werden dabei berücksichtigt. Versuchen Sie sich bereits jetzt ein Bild zu machen. Denken Sie nochmals über die §§ 611 ff., §§ 675 ff. BGB und bringen diese mit den bereits gesehen Ansätzen aus dem WpHG in Verbindung.

Der Depotvertrag ist als Vertragstyp ein gemischter Vertrag, da er durch Verwahrung und Verwaltung zwei eigenständige Vertragstypen vereint. Nach einem Urteil des BGH ist die laufende Beratung des Kunden nicht Vertragsinhalt des Depotvertrags. Die Wertpapierverwaltung selbst stellt hingegen einen Geschäftsbesorgungsvertrag mit dienstvertraglichem Einschlag i.S.d. §§ 675 Abs. 1, 611 ff. BGB dar. Die Dienstleistungspflichten der Bank werden im Einzelnen jedoch durch die Sonderbedingungen für Wertpapiergeschäfte konkretisiert und geregelt, weshalb ein Rückgriff auf die einschlägigen Vorschriften des BGB i.d.R. nicht erforderlich ist (für Depots gelten die rechtlichen Regelungen für Konten analog.)

Nach Nr. 13 ff. der Sonderbedingungen für Wertpapiergeschäfte (SBW) gehören zu den Dienstleistungspflichten bei inlandsverwahrten Wertpapieren beispielsweise die Einlösung von Zins-, Gewinnanteils- und Ertragsscheinen sowie von rückzahlbaren Wertpapieren bei deren Fälligkeit. Zur pflichtgemäßen Verwaltung gehören auch Überwachungs- und Benachrichtigungspflichten, z.B. über Umtausch- oder Abfindungsangebote, und ferner Aufzeichnungs- und Dokumentationspflichten. Die Verwaltung umfasst u.a. die Verpflichtung der Bank, Mitteilungen der AG an ihre Aktionäre zur Vorbereitung der Hauptversammlung weiterzuleiten, siehe §§ 125, 128 Abs. 1 AktG. Die Depotbank betreut die Aktionäre bei der Wahrnehmung ihrer Rechte bei Kapitalerhöhungen, was vor allem bedeutet, dass die Bank ihre Kunden über die Einräumung von Bezugsrechten informiert und diese Rechte bestens verkauft, wenn sie keine anderslautende Weisung empfängt (Nr. 15 Abs. 1 SBW).

Die Verwaltung beschränkt sich auf Maßnahmen, die sich auf die technische Umsetzung getroffener Entscheidungen bzw. zuvor veranlasster Erwerbsvorgänge beziehen. Darin besteht der Unterschied zur Vermögensverwaltung, die Gegenstand einer Wertpapierdienstleistung i.S.d. § 2 Abs. 3 Nr. 7 WpHG ist und die dem Kreditinstitut die Verpflichtung auferlegt, solche Entscheidungen für den Kunden erst zu treffen.

Praxishinweis: *Auch ist im Bereich des Depotrechts an verschiedene andere Rechtsgebiete zu denken. So ist z.B. bei der Eröffnung eines Depots eine Legitimationsprüfung nach § 154 AO durchzuführen. Wertpapierdepots werden im Rahmen des Kontenabrufverfahrens gemeldet.*

Die Depotbank ist nach Nr. 16 der SBW verpflichtet, Informationen, die Wertpapiere des Depotkunden betreffen, an diesen zu übermitteln, wenn die Informationen in den „Wertpapier-Mitteilungen" veröffentlicht oder der Depotbank vom Emittenten oder von ihrem ausländischen Verwahrer/Zwischenverwahrer übermittelt wurden.

Voraussetzung für eine Weiterleitungspflicht ist, dass sich die Informationen auf die Rechtsposition des Kunden erheblich auswirken können und die Benachrichtigung des Kunden zur Wahrung seiner Interessen erforderlich ist. Erkennbar irrelevante Informationen brauchen daher nicht weitergeleitet zu werden. Sind die Informationen der Depotbank nicht rechtzeitig zugegangen oder sind die vom Kunden zu ergreifenden Maßnahmen wirtschaftlich nicht zu vertreten, weil die anfallenden Kosten in einem Missverhältnis zu den möglichen Ansprüchen des Kunden stehen, kann die Information gleichfalls unterbleiben.

Task 49
Gibt es Besonderheiten, wenn Wertpapiere im Ausland verwahrt werden? Worin könnten diese Besonderheiten begründet sein?

Werden die Wertpapiere im Ausland verwahrt, entsteht zwischen Depotkunde und Depotinhaber ein Treuhandverhältnis. Dieses tritt an die Stelle des Verwahrvertrags, der typischerweise dem Depotvertrag zugrunde liegt. Da schon nach dem Vertragsinhalt eine Verwahrung durch die Depotbank ausscheidet, weil eine Verwahrung durch eine ausländische Lagerstelle erfolgen soll, ist die Depotbank lediglich zur sorgfältigen Auswahl einer ausländischen Lagerstelle verpflichtet. Darüber hinaus obliegt der Depotbank nach Nr. 16 SBW die Pflicht zur Weitergabe von Nachrichten, die sie von der ausländischen Lagerstelle über die dort lagernden Wertpapiere erhält, sowie nach Nr. 20 Abs. 1 SBW die Information der Depotinhaber über Auskunftsersuchen ausländischer Aktiengesellschaften und darauf geleistete Antworten.

Ob die Depotbank neben der Pflicht zur Weitergabe der ihr zugegangenen Informationen eine Informationsbeschaffungspflicht trifft, erscheint fraglich. Soweit es sich um offizielle Informationen handelt, kann dazu im Rahmen enger Grenzen der Zumutbarkeit im Einzelfall eine Pflicht bestehen. Grundsätzlich kann es jedoch nicht Aufgabe der Depotbank sein, die in- oder ausländischen Wertpapiere zu beobachten und über diese Informationen zu sammeln und an den Depotinhaber weiterzugeben.

Denn nochmals sei hier erwähnt, dass dies eine klassische Aufgabe im Rahmen eines Vermögensverwaltungsauftrags ist, nicht jedoch des Depotvertrags.

Task 50

Um sich über die Besonderheiten klar zu werden, die bestehen, wenn von der Depotbank Aktien (Wertpapiere) verwaltet werden, sollten Sie zunächst die §§ 128, 135 AktG genau anschauen und sich überlegen, welche Auswirkungen diese Paragrafen auf das Depotrecht haben.

Gehören auch Aktien zu den von der Depotbank verwahrten Wertpapieren, so zählt zur Verwaltungsdienstleistung der Depotbank auch die Wahrnehmung der aus den Aktien resultierenden Stimmrechte für den Depotinhaber. Die Depotbank darf nach § 135 Abs. 1 AktG jedoch die Stimmrechte für Inhaberaktien, die ihr nicht gehören, nur dann ausüben bzw. ausüben lassen, wenn sie durch den Depotinhaber dazu schriftlich bevollmächtigt wurde. Diese Vollmacht ist jederzeit frei widerruflich und zeitlich befristet.

Die Depotbank hat bei Aktien inländischer Gesellschaften nach § 128 Abs. 2 S. 3 AktG den Depotinhaber um Weisungen für die Ausübung des Stimmrechts zu bitten und für den Fall, dass derartige Weisungen nicht ergehen, Vorschläge für die Ausübung des Stimmrechts zu geben. Gibt der Depotinhaber keine Weisungen, hat die Depotbank das Stimmrecht entsprechend der mitgeteilten Vorschläge auszuüben. Von diesen Vorschlägen darf die Depotbank nur abweichen, wenn sie den Umständen nach annehmen darf, dass der Depotinhaber bei Kenntnis der Sachlage eine abweichende Ausübung des Stimmrechts billigen würde. Soweit der Depotinhaber Weisungen gegeben hat, ist die Depotbank nach Maßgabe des § 665 S. 1 BGB berechtigt, von diesen Weisungen abzuweichen, wenn sie den Umständen nach annehmen darf, dass bei entsprechender Kenntnis die Abweichung gebilligt würde. Stellt sich in der Hauptversammlung heraus, dass die Stimmabgabe im Sinne dieser Weisung gesellschaftsschädlich wäre, so verdichtet sich dieses Recht zur Abweichung nach herrschender Meinung zu einer Abweichungspflicht.

Praxishinweis: Im Depot selbst können in den allermeisten Fällen keine Scheine mehr verwahrt werden, da – insbesondere bei Aktien – die meisten Gesellschaften von der in § 10 V AktG vorgenannten Möglichkeit des Verbriefungsausschlusses in ihrer Satzung Gebrauch machen.

Leitsatz 20

Das Depot

- Durch § 3 Abs. 1 DepotG wird der Grundsatz des § 691 BGB, wonach der Verwahrer im Zweifel nicht berechtigt ist, die hinterlegte Sache bei einem **Dritten zu hinterlegen**, in ihr Gegenteil verkehrt.
- Beim **geschlossenen Depot** hat die Bank anders als beim offenen Depot keinerlei Kenntnis von den verwahrten Wertsachen/Wertpapieren, weshalb sie auch **keinerlei Verwaltungspflichten** treffen. Nur das offene Depot unterliegt dem DepotG.
- Bei der **Sonderverwahrung** hält die Bank die verwahrten Wertpapiere getrennt vom eigenen Bestand und dem verwahrten Bestand Dritter. Bei der Sammelverwahrung werden Wertpapiere derselben Art ungetrennt und gesammelt bei einer Depotbank verwahrt. Der Einbringer verliert sein Alleineigentum und erwirbt Miteigentum nach Bruchteilen. Bei der **Tauschverwahrung** ist die Depotbank bei der Rückgabe oder schon vorher berechtigt, die anvertrauten Wertpapiere durch andere Wertpapiere derselben Art zu ersetzen.

Task 51

Wodurch erfahren die Dienstleistungspflichten der Depotbank eine Konkretisierung und welche Pflicht ergibt sich, wenn der Depotinhalt aus Inhaberaktien besteht?

Die zwei Fragen aus dem vorgehenden Task 51 beantworten sich wie folgt:

Sie erfahren eine Konkretisierung durch die SBW, also die Sonderbedingungen für Wertpapiergeschäfte.

Die Depotbank hat das aus der Inhaberaktie fließende Stimmrecht auszuüben, wozu sie jedoch der schriftlichen Bevollmächtigung des Aktieninhabers bedarf.

Lektion 14: Kapitalanlagengesetzbuch (KAGB)

Nachfolgend sollen Sie die verschiedenen Aspekte des Investmentgeschäfts kennenlernen. Hierzu bedarf es zunächst einer Beschäftigung mit den relevanten Begrifflichkeiten, um im Anschluss mit den entsprechenden Gesetzesabschnitten arbeiten zu können. Das Kapitalanlagengesetz versucht das Risiko für Anleger und das Interesse, den Deutschen Finanzmarkt für Investoren interessant zu halten auszubalancieren. Die Nachfolgende Graphik soll dies veranschaulichen (der Autor geht immer noch von einem berechtigten Übergewicht des Anlegerschutzes aus):

Übersicht 36: Marktattraktivität und der liebe Anlegerschutz

Marktattraktivität	Anlegerschutz
	Transparenz
Erweiterung der geregelten Fondstypen	BaFin
Absenkung des Mindestkapitals	Vertriebsüberwachung
Hedgefonds (Leerverkäufe)	Strafen

Durch das Investmentgeschäft soll dem breiten Publikum auch bei kleinerem Vermögen eine effiziente Kapitalanlagepolitik ermöglicht werden. Das Investmentgeschäft gehört zu den Bankgeschäften und wird definiert als die von Kapitalverwaltungsgesellschaften (§§ 17 ff. KAGB) betriebene Verwaltung von Investmentvermögen sowie die Erbringung von Dienstleistungen und Nebendienstleistungen i.S.d. KAGB. Der Begriff des Investmentvermögens ist somit zentraler Punkt des Investmentgeschäfts.

Das „neue" Kapitalanlagengesetz, welches am 22. Juli 2013 in Kraft getreten ist, enthält die Begriffsdefinitionen in § 1 KAGB. Es wird empfohlen, sich den ganzen § 1 mehrfach durchzuarbeiten. Im Folgenden erst ein Leitsatz zur Definition der Kapitalverwaltungsgesellschaften. Dann eine umfassende Übersicht über die vielfältigen Begriffsbestimmungen des § 1 KAGB.

Leitsatz 21

Kapitalverwaltungsgesellschaften werden in § 17 KAGB wie folgt definiert

I. Kapitalverwaltungsgesellschaften sind Unternehmen mit satzungsmäßigem Sitz und Hauptverwaltung im Inland, deren Geschäftsbetrieb darauf gerichtet ist, inländische **Investmentvermögen**, EU-Investmentvermögen oder ausländische **AIF** zu verwalten. Verwaltung eines Investmentvermögens liegt vor, wenn mindestens die Portfolioverwaltung oder das Risikomanagement für ein oder mehrere Investmentvermögen erbracht wird.

II. Die Kapitalverwaltungsgesellschaft ist entweder

1. eine externe Kapitalverwaltungsgesellschaft, die vom **Investmentvermögen** oder im Namen des Investmentvermögens bestellt ist und auf Grund dieser Bestellung für die Verwaltung des Investmentvermögens verantwortlich ist (externe Kapitalverwaltungsgesellschaft), oder

2. das Investmentvermögen selbst, wenn die Rechtsform des Investmentvermögens eine interne Verwaltung zulässt und der Vorstand oder die Geschäftsführung des Investmentvermögens entscheidet, keine externe Kapitalverwaltungsgesellschaft zu bestellen (interne Kapitalverwaltungsgesellschaft). In diesem Fall wird das Investmentvermögen als Kapitalverwaltungsgesellschaft zugelassen.

Übersicht 37: Begriffsbestimmungen

§ 1 Begriffsbestimmungen KAGB

- **Investmentvermögen** ist jeder Organismus für gemeinsame Anlagen, der von einer Anzahl von Anlegern Kapital einsammelt, um es gemäß einer festgelegten Anlagestrategie zum Nutzen dieser Anleger zu investieren und der kein operativ tätiges Unternehmen außerhalb des Finanzsektors ist (Abs. 1).

- **Organismen für gemeinsame Anlagen in Wertpapieren (OGAW)** sind Investmentvermögen, die die Anforderungen der Richtlinie 2009/65/EG des Europäischen Parlaments und des Rates vom 13. Juli 2009 erfüllen (Abs. 2).

- **Alternative Investmentfonds (AIF)** sind alle Investmentvermögen, die keine OGAW sind (Abs. 3).

- **Offene Investmentvermögen** sind
  1. **OGAW** und
  2. **AIF**, die die **Voraussetzungen** von Art. 1 II der Delegierten Verordnung vom 17. 12. 2013 zur Ergänzung der entsprechenden Richtlinie des Europäischen Parlaments **erfüllen.** (Abs. 4)

- **Geschlossene AIF** sind alle AIF, die keine offenen AIF sind (Abs. 5).

- **Spezial-AIF** sind AIF, deren Anteile auf Grund von schriftlichen Vereinbarungen mit der Verwaltungsgesellschaft oder auf Grund der konstituierenden Dokumente des AIF nur erworben werden dürfen von
  1. **professionellen** Anlegern im Sinne des Absatzes 19 Nummer 32 und
  2. **semiprofessionellen** Anlegern im Sinne des Absatzes 19 Nummer 33.

  Alle übrigen Investmentvermögen sind **Publikumsinvestmentvermögen** (Abs. 6).

- **Inländische Investmentvermögen** sind Investmentvermögen, die dem inländischen Recht unterliegen (Abs. 7).

- **EU-Investmentvermögen** sind Investmentvermögen, die dem Recht eines anderen Mitgliedstaates der Europäischen Union oder eines anderen Vertragsstaates des Abkommens über den Europäischen Wirtschaftsraum unterliegen (Abs. 8).

- **Ausländische AIF** sind AIF, die dem Recht eines Drittstaates unterliegen (Abs. 9).

- **Sondervermögen** sind inländische offene Investmentvermögen in Vertragsform, die von einer Verwaltungsgesellschaft für Rechnung der Anleger nach Maßgabe dieses Gesetzes und den Anlagebedingungen, nach denen sich das Rechtsverhältnis der Verwaltungsgesellschaft zu den Anlegern bestimmt, verwaltet werden (Abs. 10).

- **Investmentgesellschaften** sind Investmentvermögen in der Rechtsform einer Investmentaktiengesellschaft oder Investmentkommanditgesellschaft (Abs. 11).

- **Intern verwaltete Investmentgesellschaften** sind Investmentgesellschaften, die keine externe Verwaltungsgesellschaft bestellt haben (Abs. 12).

- **Extern verwaltete Investmentgesellschaften** sind Investmentgesellschaften, die eine externe Verwaltungsgesellschaft bestellt haben (Abs. 13).

- **Verwaltungsgesellschaften** sind AIF-Verwaltungsgesellschaften und OGAW-Verwaltungsgesellschaften. AIF-Verwaltungsgesellschaften sind AIF-Kapitalverwaltungsgesellschaften, EU-AIF-Verwaltungsgesellschaften und ausländische AIF-Verwaltungsgesellschaften. OGAW-Verwaltungsgesellschaften sind OGAW-Kapitalverwaltungsgesellschaften und EU-OGAW-Verwaltungsgesellschaften. (Abs. 14)

- **OGAW-Kapitalverwaltungsgesellschaften** sind Kapitalverwaltungsgesellschaften gemäß § 17, die mindestens einen OGAW verwalten oder zu verwalten beabsichtigen (Abs. 15).

- **AIF-Kapitalverwaltungsgesellschaften** sind Kapitalverwaltungsgesellschaften gemäß § 17, die mindestens einen AIF verwalten oder zu verwalten beabsichtigen (Abs. 16).

- **EU-Verwaltungsgesellschaften** sind Unternehmen mit Sitz in einem anderen Mitgliedstaat der Europäischen Union oder einem anderen Vertragsstaat des Abkommens über den Europäischen Wirtschaftsraum, die den Anforderungen

  1. an eine Verwaltungsgesellschaft oder an eine intern verwaltete Investmentgesellschaft im Sinne der Richtlinie 2009/65/EG oder
  2. an einen Verwalter **alternativer Investmentfonds** (AIF) im Sinne der entsprechenden Richtlinie des Europäischen Parlaments

  entsprechen. (Abs. 17)

- **Ausländische AIF-Verwaltungsgesellschaften** sind Unternehmen mit Sitz in einem Drittstaat, die den Anforderungen an einen Verwalter alternativer Investmentfonds im Sinne der Richtlinie 2011/61/EU entsprechen (Abs. 18).

Nach dem Durcharbeiten zeigt sich, dass bei der Arbeit mit dem KAGB der § 1 immer griffbereit sein sollte.

Dabei ist § 1 KABG sogar noch umfangreicher. In Absatz 19 werden zudem noch 38 Begriffe wie Anfangskapital, Drittstaaten oder Zweigniederlassung erklärt.

Task 52

Im Folgenden sollen kurz die Änderungen vorgestellt werden, die das InvG durch die Richtlinie 85/611/EWG und die Überarbeitung der vorhandenen Regelungen (Gesetz über Kapitalanlagegesellschaften, KAGG und das Auslandsinvestmentgesetz, AuslInvestmG) und das Kapitalanlagengesetzbuch erfahren hat. Versuchen Sie sich aber zunächst die Richtlinie selbst zu erarbeiten, bevor Sie im Rahmen der Lösung die Änderungen nacharbeiten. Die Änderungen werden nummerisch dargestellt.

Durch umfangreiche Überarbeitungen der bestehenden Gesetze haben sich folgende Änderungen ergeben:

1. Alle Definitionen wurden in § 1 KAGB vorne angestellt.

2. Das Investmentgesetz trifft Regelungen für Investmentanteile, Geldmarktinstrumente, Bankguthaben und Derivate als Vermögensgegenstände. Die bisherigen Fondstypen, die als Sondervermögen

klassifiziert waren (z.B. Wertpapier-Sondervermögen) entfallen. Der Name des Investmentvermögens ist nun freier wählbar;

3. Es gibt einen sogenannten „vereinfachten Verkaufsprospekt". Durch eine verständlichere Kurzfassung, ist der Anteilsinteressent/Anlegern besser im Stande, eine Investmententscheidung zu treffen. Ausführliche Verkaufsprospekte wurden von den Anteilsinteressenten/Anlegern zumeist nicht gelesen. Auch soll im Rahmen von bestimmten Regelungen, eine erhöhte Kostentransparenz erreicht werden (Transaktionskosten usw.);

4. Die Harmonisierung über Wertpapierinvestmentvermögen hinaus, ermöglicht, dass mehr Investmentvermögen in den Genuss des sogenannten „Europäischen Passes" kommen (dies ist unter bestimmten Umständen auch für Verwaltungsgesellschaften möglich);

5. Die Beträge über das Anfangskapital von Kapitalanlagegesellschaften wurde abgesenkt;

6. Nunmehr ist als erlaubnispflichtige Haupttätigkeit auch die individuelle Finanzportfolioverwaltung zulässig;

7. Es dürfen verschiedene Tätigkeiten der Verwaltungsgesellschaften auf Dritte übertragen werden (z.B. die Buchhaltung des Fonds);

8. Derivate, Umbrella-Fonds, Sondervermögen OGAW und AIF;

9. Änderung des Prüfungsverfahrens (dies soll eine Beschleunigung des Genehmigungsverfahrens verursachen), Änderung der Regeln über die Rechnungslegung von Sondervermögen und bei der Bewertung;

10. Neuregelung der Meldepflichten gegenüber der BaFin;

11. Übertragungsmöglichkeiten aller Vermögenswerte eines Sondervermögens in ein anderes Sondervermögen mit Genehmigung der BaFin.

Praxishinweis: *Durch verschiedene Regelungen ist auch beabsichtigt, die Vergleichbarkeit zwischen inländischen und ausländischen Produkten zu erleichtern. Die Definitionen sollten sicherlich helfen.*

 Task 53

Versuchen Sie sich anhand von § 1 KAGB den Anwendungsbereich dieses Gesetzes herzuleiten.

Der Anwendungsbereich des Kapitalanlagengesetzes geht über die Regelung der Tätigkeit der Verwaltungsgesellschaft im Rahmen der Verwaltung von Sondervermögen in Form von Investmentfonds weit hinaus. Nach dem KAGB unterliegt Investmentvermögen in Form von Investmentfonds oder Investmentaktiengesellschaften grundsätzlich dem KAGB. Die Aufsicht über inländische Gesellschaften, die Anteile an diesen Investmentfonds oder Investmentaktiengesellschaften ausgeben, richtet sich ebenfalls nach dem KAGB. Der Regelungsbereich des KAGB wird im KAGB nicht näher konkretisiert, aber nochmals auf den beabsichtigten und tatsächlichen Vertrieb ausländischer Investmentanteile erweitert.

Eines der wichtigsten Instrumente des investmentrechtlichen Anlegerschutzes, liegt darin, dass das Gesetz die Funktion der Anschaffung und Bewirtschaftung des Sondervermögens und jene der Verwahrung der Vermögensgegenstände zwei rechtssubjektiv und personell getrennten Instanzen zuweist und darüber hinaus die Depotstelle mit Kontrollaufgaben gegenüber der Kapitalanlagegesellschaft betraut. Wie dadurch die Rechtsbeziehungen der Beteiligten miteinander verknüpft sind, soll im Folgenden betrachtet werden.

Auch Investmentaktiengesellschaften werden von der BaFin eingeschränkt/beaufsichtigt.

Das sog. Investmentdreieck wird aus dem Anleger, der Kapitalverwaltungsgesellschaft, bzw. der Investmentaktiengesellschaft und der Depotbank gebildet. Hierzu die Übersicht 38.

Übersicht 38: Das Investmentdreieck

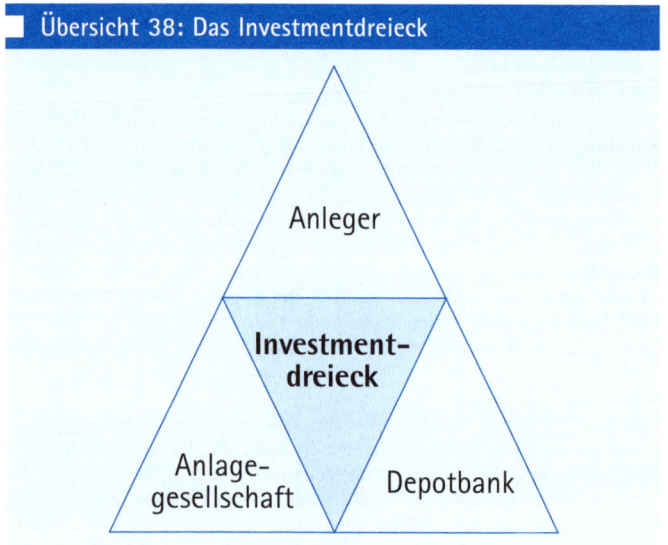

Die Kapitalverwaltungsgesellschaft hat das Sondervermögen bzw. Gesellschaftsvermögen zu verwalten, während die Depotbank das Sondervermögen bzw. das Gesellschaftsvermögen verwahrt und die Kapitalverwaltungsgesellschaft überwacht.

Durch die Aufgabenteilung zwischen Kapitalverwaltungsgesellschaft und Depotbank und die Kontrollpflichten der Depotbank ist ein Anlegerschutz beabsichtigt.

Praxishinweis: *Dieser geplante Anlegerschutz wird jedoch in der Praxis aufgrund der wirtschaftlichen und personellen Verflechtungen zwischen Kapitalverwaltungsgesellschaft und Depotbank möglicherweise nicht erreicht.*

Im Fall des Sondervermögens als Gesellschaft bzw. Gesellschafter ist der Anleger zwar Aktionär und daher Teil der das Gesellschaftsvermögen verwaltenden Gesellschaft. Da aber auch hier die Depotbank ihre Aufgabe im Interesse der Anleger wahrzunehmen hat, lässt sich ebenfalls von einem Investmentdreieck sprechen.

Task 54
Versuchen Sie unter Zuhilfenahme des KWG und des KAGB die Frage zu beantworten, ob die Investmentaktiengesellschaft bzw. die Kapitalverwaltungsgesellschaft Aufgaben auslagern darf (sog. Outsourcing).

Da seit dem Investmentmodernisierungsgesetz, der Kapitalanlagegesellschaft bzw. der Investmentaktiengesellschaft, die Auslagerung eigener Tätigkeiten ausdrücklich unter den Voraussetzungen des KWG erlaubt ist, muss die Kapitalverwaltungsgesellschaft bzw. die Investmentaktiengesellschaft das Sonder- bzw. Gesellschaftsvermögen nicht notwendigerweise in eigener Person verwalten. Vielmehr kann sogar das sog. Portfoliomanagement, und damit ein zentraler Bereich der Verwaltungsaufgabe der Kapitalverwaltungsgesellschaft bzw. Investmentaktiengesellschaft, auf Dritte übertagen werden. Dies allerdings nur dann, wenn die Kapitalverwaltungsgesellschaft bzw. Investmentaktiengesellschaft durch die Auslagerung nicht daran gehindert ist, im Interesse ihrer Anleger zu handeln. Auch hat die Kapitalverwaltungsgesellschaft bzw. die Investmentaktiengesellschaft dem Auslagerungsunternehmen Vorgaben für die Erstellung der Anlagen zu erteilen und dessen Verschulden wie eigenes zu vertreten. Daher bleibt die Kapitalverwaltungsgesellschaft bzw. die Investmentaktiengesellschaft für die ordnungsgemäße Verwaltung des Vermögens letztlich selbst verantwortlich.

Durch das Investmentgeschäft soll dem breiten Publikum auch bei kleinerem Vermögen eine effiziente Kapitalanlagepolitik ermöglicht werden. Das Investmentgeschäft zählt zu den Bankgeschäften und wird definiert als die von Kapitalverwaltungsgesellschaft betriebene Verwaltung von Investmentvermögen sowie zur Erbringung von Dienstleistungen und Nebendienstleistungen. Wie bereits erwähnt, ist der Begriff des Investmentvermögens ein zentraler Punkt des Investmentgeschäfts. Das „neue" Investmentgesetz, welches durch das Investmentmodernisierungsgesetz umgestaltet und am 1. Januar 2004 in Kraft getreten ist, wies jedoch hinsichtlich der wesentlichen Begriffsdefinitionen einige Schwächen auf. Das KAGB hat nun Klarheit geschaffen (siehe Übersicht 37).

Der Anwendungsbereich des KAGB geht über die Regelung der Tätigkeit der Kapitalverwaltungsgesellschaft im Rahmen der Verwaltung von

Sondervermögen in Form von Investmentfonds weit hinaus. Nach dem KAGB unterliegt Investmentvermögen in Form von Investmentfonds oder Investmentaktiengesellschaften grundsätzlich dem KAGB. Die Aufsicht über inländische Gesellschaften, die Anteile an diesen Investmentfonds oder Investmentaktiengesellschaften ausgeben, richtet sich ebenfalls nach dem KAGB. Der Regelungsbereich des Kapitalanlagengesetz wird nochmals auf den beabsichtigten und tatsächlichen Vertrieb ausländischer Investmentanteile erweitert.

Im nachfolgenden Leitsatz wird nochmals das Investmentvermögen definiert, bevor ausgehend von den Vermögensgegenständen nach den §§ des KAGB auf Hedgefonds näher eingegangen wird.

Leitsatz 22

Investmentvermögen

Beim Investmentvermögen handelt es sich nach § 1 Abs. 1 KAGB um jede Art von Organismus, der von vielen Anlegern Kapital einsammelt und verwaltet, aber kein Unternehmen außerhalb der Finanzbranche ist.

Das Kapitalanlagengesetz richtet sich in erster Linie an von einer Kapitalverwaltungsgesellschaft verwaltetes Publikums-Sondervermögen, das den Anforderungen der OGAW-Richtlinie („Organismus für gemeinsame Anlagen in Wertpapieren") – auch Investment-Richtlinie genannt – entsprechen muss. Für dieses richtlinienkonforme Sondervermögen schreibt das KAGB den Katalog von Vermögensgegenständen vor, die erworben werden dürfen.

Dies sind:

- Wertpapiere
- Geldmarktinstrumente)
- Bankguthaben
- Investmentanteile

▶ Derivate

▶ Sonstige Anlageinstrumente

Ferner werden die Anforderungen an eine Kreditaufnahme, an die Wertpapierleihe, an Wertpapier-Pensionsgeschäfte, das Verbot von Leerkäufen und die Aussteller- und Anlagegrenzen geregelt.

Praxishinweis: *In der Praxis und in der Bankstatistik werden Investmentfonds nach den Vermögensgegenständen unterschieden, die ein Übergewicht in dem jeweiligen Sondervermögen haben. Diese Grundregel bestimmt auch die Richtlinie der BaFin WA 4/09 zur Festlegung von Fondskategorien vom 14.12.2004. Von in der Namensrichtlinie genannten Sonderfällen abgesehen, heißt es in Art. 2 Abs. 1 NamensRL: „.... setzt die Verwendung einer Fondskategorie (z.B. Aktienfonds, Rentenfonds etc.) oder einer ihrer begrifflichen Bestandteile (z.B. Renten, Aktien etc.) bei der Namensgebung oder im Vertrieb voraus, dass nach den Vertragsbedingungen oder der Satzung mindestens 51% des Wertes des Investmentvermögens im die Fondskategorie bezeichnenden, d.h. namensgebenden Vermögensgegenstand angelegt sein müssen (z.B. Aktienfonds: mind. 51% Aktien; Rentenfonds: mind. 51% festverzinsliche Wertpapiere etc.)."*

Task 55
Versuchen Sie sich, im KAGB die Paragrafen über Sondervermögen herauszusuchen und sich deren Inhalt zu erschließen (Hedgefonds).

Gemäß den Vertragsbedingungen eines Sondervermögens ist nach dem KAGB anzugeben, nach welchen Grundsätzen die Auswahl der zu beschaffenden Vermögensgegenstände erfolgt, insbesondere welche Vermögensgegenstände in welchem Umfang erworben werden dürfen. Hierunter fällt auch die Benennung von Anlageschwerpunkten.

Im Bereich des nicht richtlinienkonformen Sondervermögens nehmen die Hedgefonds eine herausragende Stellung ein. Diese sind durch massive mediale Berichterstattung in das Bewusstsein einer breiten Öffentlichkeit gerückt. Hedgefonds sind eine besondere Erscheinung der Investmentfonds, die durch Leerverkäufe, d.h. den Verkauf von z.B. Aktien, die sich noch nicht im Fondsvermögen befinden und zu einem niedrigeren Preis erst später erworben werden, und durch den Hebeleffekt des Leveraging, d.h. den Kauf unterbewerteter Aktien auf Kredit, Zusatzerträge erwirtschaften.

In Deutschland waren Hedgefonds als Investmentanlage im Gesetz über Kapitalanlagegesellschaften (KAGG) nicht zugelassen, ebenso war der öffentliche Vertrieb von Anteilen ausländischer Hedgefonds durch § 2 Nr. 4 f. und g des Auslandsinvestmentgesetzes untersagt. Beide Gesetze wurden durch das Investmentmodernisierungsgesetz mittlerweile aufgehoben.

Das Leerverkaufsverbot des § 9 Abs. 5 KAGG gilt jedoch auch weiterhin für richtlinienkonforme Sondervermögen und für zum öffentlichen Vertrieb zugelassene ausländische Investmentanteile, § 136 Abs. 5g InvG. Ebenso ist den richtlinienkonformen Sondervermögen eine Kreditaufnahme wie bisher nach § 9 Abs. 4 KAAG nur innerhalb der Grenze von 10% des Sondervermögens gestattet.

Nach der Begründung zum Investmentmodernisierungsgesetz, BT-Drucks. 15/1553, diente die Zulassung und Regulierung von Hedgefonds im Investmentgesetz der Förderung des Investmentstandorts Deutschland.

Das Gesetz unterscheidet, ohne diese Terminologie jedoch zu verwenden, zwischen Single-Hedgefonds und Dach-Hedgefonds.

Heute sind Hedgefonds zugelassen. Die nachfolgende Übersicht soll die Unterschiede darstellen, die durch die Änderungen des InvG entstanden sind:

Übersicht 39: Hedgefonds früher und heute

Früher	– In Deutschland waren Hedgefonds als Investmentanlage im KAGG, dem Gesetz über Kapitalanlagegesellschaften, nicht zugelassen. – Ebenso war der öffentliche Vertrieb von Anteilen ausländischer Hedgefonds durch § 2 Nr. 4f und g des Auslandsinvestmentgesetzes untersagt. – Beide Gesetze wurden durch das Investmentmodernisierungsgesetz mittlerweile aufgehoben.
Heute	– Das Leerverkaufsverbot des § 9 Abs. 5 KAGG gilt jedoch auch weiterhin für richtlinienkonforme Sondervermögen, – und für zum öffentlichen Vertrieb zugelassene ausländische Investmentanteile. – Ebenso ist den richtlinienkonformen Sondervermögen eine Kreditaufnahme, wie bisher nach § 9 Abs. 4 KAAG, nur innerhalb der Grenze von 10% des Sondervermögens gestattet.

Nach der Definition des KAGB sind Sondervermögen mit zusätzlichen Risiken Investmentvermögen, die den Grundsatz der Risikomischung beachten und im Übrigen im Rahmen ihrer Anlagestrategie keinen Beschränkungen bei der Auswahl ihrer Vermögensgegenstände unterworfen sind.

Als Vermögensgegenstände werden genannt:

▶ Wertpapiere

▶ Geldmarktinstrumente

▶ Derivate

▶ Bankguthaben

▶ Investmentanteile

▶ stille Beteiligungen

- bestimmte Waren wie Edelmetalle
- Terminkontrakte, die an organisierten Märkten gehandelt werden
- Unternehmensbeteiligungen

Single-Hedgefonds dürfen nach dem KAGB nicht öffentlich vertrieben werden. Öffentlich ist ein Vertrieb dann, wenn er im Wege des öffentlichen Anbietens, der öffentlichen Werbung oder in ähnlicher Weise erfolgt. Eine Genehmigung der Vertragsbedingungen durch die BaFin ist auch in den Fällen erforderlich, in denen die Single-Hedgefonds als Spezialfonds aufgelegt werden. Für die Vertragsbedingungen eines Hedgefonds wird vorgeschrieben, dass sie zumindest Leverage oder Leerverkauf als Tätigkeitsmerkmal vorsehen müssen. Die BaFin soll es dadurch möglich sein, im Rahmen des Genehmigungsverfahrens die Hedgefonds von anderen Sondervermögen abzugrenzen. Wegen der allgemeinen Risiken des Leverage und der Leerverkäufe ist vorgesehen, dass in einer Rechtsverordnung Voraussetzungen und Kriterien für eine Beschränkung geregelt werden, soweit dies zur Abwendung von Missbrauch und zur Wahrung der Integrität des Marktes erforderlich ist. Bisher wurde eine solche Verordnung noch nicht erlassen.

Während Single-Hedgefonds nicht öffentlich angeboten werden dürfen und ursprünglich ausschließlich für institutionelle Anleger gedacht waren, gibt es für das breite Publikum das Angebot, sich über Dach-Hedgefonds an Hedgefonds zu beteiligen. Das Risiko des Dach-Hedgefonds wird dadurch verringert, dass für ihn selbst kein Leverage oder Leerverkauf durchgeführt werden darf.

Er investiert seinerseits

- in Anteile von Zielfonds, die entweder Sondervermögen mit zusätzlichen Risiken (also Hedgefonds) sind,

- in Investmentaktiengesellschaften, die in ihrer Anlage den Hedgefonds entsprechen oder

- in ausländische Hedgefonds.

Schließlich dürfen nur maximal 20% des Sondervermögenswerts in einem einzelnen Zielfonds angelegt werden. Durch Risikomischung soll somit eine Risikominimierung erreicht werden.

Task 56

Welche Rechtsformen werden bei inländischen Investmentvermögen im Kapitalanlagengesetzbuch genannt?

Das Kapitalanlagengesetzbuch erfasst grundsätzlich nur zwei Rechtsformen inländischer Investmentvermögen:

▶ das durch die Kapitalverwaltungsgesellschaften verwaltete Sondervermögen und

▶ das in einer Investmentaktiengesellschaft angelegte Investmentvermögen.

Praxishinweis: *Die selben Problematiken, die hier im Rahmen der Finanzierung generell angesprochen werden, tauchen bei der Finanzierung von M&A-Transaktionen (Fusionen und Übernahmen) auf. Gerade bei sehr großen Transaktionen kann das InvG eine große Rolle spielen.*

Der Geschäftsbetrieb einer solchen Kapitalverwaltungsgesellschaft bedarf der schriftlichen Erlaubnis der BaFin.

Task 57

Was würden Sie tun, wenn hinter den Ordnungswidrigkeiten im Straßenverkehr keine Regelungen über Strafen hinterlegt wären, was würden unsere Ordnungshüter machen? Genau, Sie würden nichts bezahlen wollen und die Ordnungshüter sehr hohe Strafzahlungen verlangen – es würde gestritten werden. Bitte schauen Sie sich aus dieser Blickrichtung das KAGB an. Was wird hier geregelt?

Im KAGB werden die allgemeinen Verhaltens- und Organisationspflichten der Kapitalverwaltungsgesellschaften geregelt. Eine ausdrückliche Regelung für die Folgen eines Verstoßes gegen diese Pflichten fehlt. Da nach dem KAGB die BaFin die Aufsicht über die Kapitalverwaltungsgesellschaft ausübt, wird diese auch im Hinblick auf die Verhaltens- und Organisationspflichten alle Anordnungen treffen können, die erforderlich und geeignet sind, den Geschäftsbetrieb zu überwachen.

Bestimmte Meldepflichten der Kapitalverwaltungsgesellschaften werden im KAGB genannt. Hier zieht ein Verstoß den Erlass eines Bußgelds nach sich.

Eine andere Frage ist, ob ein Anleger bei Missachtung der Pflichten nach dem KAGB durch die Kapitalverwaltungsgesellschaft einen ihm möglicherweise entstandenen Schaden, unter Bezugnahme auf diese Regelung, geltend machen kann. Bislang fehlt es an gesicherter Rechtsprechung zur Frage, ob die Normen des KAGB Schutzgesetzcharakter i.S.d. § 823 Abs. 2 BGB haben.

Task 58
Was versteht man unter dem Europäischen Pass und inwiefern hat sich das Kapitalanlagegesetz auf diesen ausgewirkt?

Das Kapitalanlagegesetz führte zusätzlich zum bestehenden Europäischen Pass für Sondervermögen einen Europäischen Pass für richtlinienkonforme Kapitalverwaltungsgesellschaften ein. Mit dem Europäischen Pass erhalten Verwaltungsgesellschaften erstmalig eine EU-weit gültige Zulassung, wenn sie die Anforderungen der OGAW-II-Richtlinie erfüllen und das Anzeigeverfahren einhalten. Nach dem KAGB kann eine solche Verwaltungsgesellschaft mit Sitz in einem anderen Mitgliedstaat der Europäischen Union oder einem anderen EWR-Vertragsstaat nach Durchführung des Notifizierungsverfahrens, bzw. zwei Monate nach Eingang der Unterlagen über eine Zweigniederlassung oder im Rahmen des grenzüberschreitenden Dienstleistungsverkehrs ihre Dienstleistung in Deutschland ohne Erlaubnis der BaFin betreiben. Nach Inkrafttreten des KAGB mussten alle ehemaligen Kapitalanlagegesellschaften eine neue Lizenz bei der BaFin beantragen (2014).

Nach dem KAGB werden die Anleger, soweit die Kapitalverwaltungsgesellschaft das Investmentvermögen für deren Rechnung verwaltet, entweder rechtliche oder wirtschaftliche Miteigentümer des Fondsvermögens. Die durch die Kapitalverwaltungsgesellschaft verwalteten Sondervermögen sind zwingend nach dem Open-End-Prinzip ausgestaltet. Dass heißt, sie stehen stets für neue Einlagen von Anlegern offen. Jedoch kann der Anleger, der seine Einlage bereits erbracht hat, umgekehrt genauso gegen Rückgabe des Anteilsscheins stets die Rückzahlung seines Anteils an dem Sondervermögen verlangen.

# Lektion 14: Kapitalanlagengesetzbuch (KAGB)

Leitsatz 23

Investmentaktiengesellschaft

Die Regelungen über die Investmentaktiengesellschaft finden sich in den §§ 108 ff. KAGB.

Investmentaktiengesellschaften sind **Aktiengesellschaften**, deren Unternehmensgegenstand gemäß der Satzung auf die **Anlage** und **Verwaltung** ihrer Mittel nach dem Grundsatz der Risikomischung zur gemeinschaftlichen **Kapitalanlage** in Wertpapiere, Geldmarktinstrumente, Derivate, Bankguthaben, Immobilien und anderen Vermögensgegenstände beschränkt ist. Der Anleger ist **Aktionär** der Anlagegesellschaft, das investierte Vermögen ist **Gesellschaftsvermögen** und wird somit von der Investmentaktiengesellschaft im eigenen Namen und für eigene Rechnung verwaltet.

Nach der Gesetzesbegründung, BT-Drucks. 15/1533, soll durch die Neuregelungen des Investmentgesetzes im Hinblick auf die Investmentaktiengesellschaft diese an Attraktivität gewinnen und auch Hedgefonds als Rechtsform zur Verfügung stehen. Die Investmentaktiengesellschaft darf ihren Geschäftsbetrieb erst nach schriftlicher Erlaubnis durch die BaFin aufnehmen. Voraussetzung für die Erteilung dieser Erlaubnis ist die Erfüllung der in §§ 108 ff. KAGB genannten Anforderungen. Das Mindestanfangskapital einer Investmentaktiengesellschaft beträgt 300.000 €.

Über die Regelungen des Kapitalanlagengesetzes hinaus gelten für Investmentaktiengesellschaften teilweise auch die Regelungen des Kreditwesengesetzes. Zwar sind die Investmentaktiengesellschaften für eigene Rechnung tätig, weshalb sie keine Finanzdienstleistungen i.S.v. § 1 Abs. 1a S. 2 KWG erbringen, jedoch wurden die Aktionäre einer Investmentaktiengesellschaft als ähnlich schutzbedürftig angesehen wie die Anteilsinhaber offener Investmentfonds, sodass die für Finanzdienstleistungen geltenden Regeln des KWG entsprechend Anwendung finden.

Im Hinblick auf den investmentrechtlichen Anlegerschutz ist es von hoher Bedeutung, dass das InvG die Funktionen der Anschaffung und Bewirtschaftung des Sonder- bzw. Gesellschaftsvermögens und jene der Verwahrung der Vermögensgegenstände, zwei rechtssubjektiv und personell getrennten Instanzen zuweist und darüber hinaus die Depotstelle mit Kontrollaufgaben gegenüber der Kapitalverwaltungsgesellschaft betraut.

> ## Leitsatz 24
>
> **Die Verflechtungen des Investmentdreiecks**
>
> Der **Anleger**, die **Kapitalverwaltungs- bzw. Investmentaktiengesellschaft** und die **Depotbank** bilden zusammen das sog. Investmentdreieck, das wir graphisch oben in Übersicht 38 gesehen haben.
>
> – Die Kapitalverwaltungsgesellschaft hat das Sondervermögen bzw. die Investmentaktiengesellschaft das Gesellschaftsvermögen zu verwalten, während die Depotbank, zu deren Einbeziehung die Kapitalanlage- bzw. die Investmentaktiengesellschaft verpflichtet ist, das **Sonder- bzw. Gesellschaftsvermögen** verwahrt und die Kapitalverwaltungs- bzw. die Investmentaktiengesellschaft überwacht.
>
> – Da seit dem **Investmentmodernisierungsgesetz** der Kapitalverwaltungs- bzw. Investmentaktiengesellschaft die Auslagerung eigener Tätigkeiten ausdrücklich unter den Voraussetzungen des § 25a KWG erlaubt ist, muss sie das Sonder- bzw. Gesellschaftsvermögen nicht notwendigerweise in eigener Person verwalten. Vielmehr kann sogar das **Portfoliomanagement** – und damit ein zentraler Bereich der Verwaltungsaufgabe der Gesellschaft – auf Dritte übertragen werden. Zulässig ist dies allerdings nur dann, wenn die Gesellschaft durch die Auslagerung nicht daran gehindert ist, im Interesse ihrer Anleger zu handeln. Auch hat die Kapitalanlage- bzw. Investmentaktiengesellschaft dem **Auslagerungsunternehmen** Vorgaben für die Erstellung der Anlagen zu erteilen und dessen Verschulden wie eigenes zu vertreten.
>
> Daher bleibt die Gesellschaft für die ordnungsgemäße Verwaltung des Vermögens letztlich selbst verantwortlich.

Task 59

Versuchen Sie das Rechtsverhältnis zwischen dem Anteilsinhaber und der Kapitalverwaltungsgesellschaft darzulegen. Nutzen Sie hierzu wie immer das Gesetz.

Das Investmentgeschäft entsteht im Falle der Verwaltung des Investmentvermögens durch eine Kapitalverwaltungsgesellschaft durch den Abschluss eines Investmentvertrags zwischen Anleger und

Kapitalverwaltungsgesellschaft. Hauptvertragspflicht der Kapitalverwaltungsgesellschaft ist die Verwaltung des Sondervermögens für gemeinsame Rechnung unter Beachtung der Sorgfalt eines ordentlichen Kaufmanns und im ausschließlichen Interesse der Anteilsinhaber. Die Verwaltung des Sondervermögens umfasst auch die Wahrnehmung des Stimmrechts der zum Sondervermögen gehörenden Aktien. Dabei hat die Kapitalverwaltungsgesellschaft jedoch ebenso ausschließlich im Interesse der Anleger zu handeln.

Die Verwaltungsaufgaben und -befugnisse der Kapitalverwaltungsgesellschaft finden eine Einschränkung im Verbot der Eingehung einer Verbindlichkeit im Namen des Anlegers. Diese Einschränkung dient dem Gesetzeszweck der Ermöglichung der risikoarmen Kapitalanlage für Kleinanleger. Denn wäre die Kapitalverwaltungsgesellschaft berechtigt, im Namen der Anleger Verbindlichkeiten einzugehen, würden diese mit ihrem gesamten persönlichen Vermögen haften. Die Kapitalverwaltungsgesellschaft erhält für Verbindlichkeiten, die sie für gemeinschaftliche Rechnung der Anleger eingegangen ist, lediglich einen Aufwendungsersatzanspruch gegen das Sondervermögen selbst, nicht aber gegen die einzelnen Anleger persönlich. Die Norm berechtigt die Kapitalverwaltungsgesellschaft zudem, den ihr für ihre Tätigkeit zustehenden Vergütungsanspruch, welcher in den Vertragsbedingungen anzugeben ist, aus dem Sondervermögen zu befriedigen.

Wegen der Pflicht der Kapitalverwaltungsgesellschaft zur Vermögensverwaltung für Rechnung der Anteilinhaber ordnet die h.M. in der Literatur den Investmentvertrag rechtlich als einen Dienstvertrag mit Geschäftsbesorgungscharakter ein. Jedoch stellt der Investmentvertrag nicht den typischen Aufgabe eines Geschäftsbesorgungsvertrags dar. Zum Einen ist der Inhalt der Verwaltungspflicht zu einem erheblichen Anteil durch gesetzliche Bestimmungen über die zulässigen Fonds, die Anlagegegenstände und Anlagegrenzen vorgegeben, zum Anderen bedürfen die Vertragsbedingungen, die in Form von AGB das Rechtsverhältnis zwischen der Kapitalverwaltungsgesellschaft und dem Anteilinhaber regeln, der Genehmigung durch die BaFin. Im Vergleich zu einem herkömmlichen Geschäftsbesorgungsvertrag ist die Stellung des Auftraggebers jedoch noch in anderer Hinsicht eine „schlechtere". Es besteht für die Kapitalanlagegesellschaft keine Gebundenheit an Weisungen von einzelnen Anlegern. Eine Weisungsgebundenheit vermag auch dann nicht entstehen, wenn alle Anteilsinhaber gemeinsam der Kapitalanlagegesellschaft eine

Weisung erteilen, da diese nur verpflichtet ist, im Interesse der Anleger insgesamt zu handeln.

Task 60
Versuchen Sie nun sich über das Rechtsverhältnis zwischen der Kapitalverwaltungsgesellschaft und der Depotbank klar zu werden.

Die Kapitalverwaltungsgesellschaft ist mit der Verwahrung des Sondervermögens sowie der Ausgabe und Rücknahme von Anteilsscheinen ein hierfür speziell qualifiziertes Kreditinstitut, die Depotbank, zu betrauen. Diese Beauftragung ist zwingende Voraussetzung für die Aufnahme des Geschäftsbetriebs der Kapitalverwaltungsgesellschaft.

Die rechtliche Qualifikation der einzelnen Komponenten dieser Beauftragung stellt sich wie folgt dar:

- Die verwahrungsrechtliche Komponente qualifiziert sich als Depotvertrag, allerdings mit der Besonderheit, dass das Depot als gesperrtes Depot zu führen ist.

- Die Ausgabe und Rücknahme der Zertifikate ist als Geschäftsbesorgungsvertrag mit Werkvertragscharakter zu beurteilen.

- Geschäftsbesorgung in Form des Girovertrags ist auch die der Depotbank gleichfalls übertragene Verbuchung der Ausgabepreise und sonstiger Entgelte auf Sperrkonten, die Auszahlung der zur Anlage des Sondervermögens erforderlichen Mittel, sowie die Auszahlung des von der Kapitalverwaltungsgesellschaft zu beanspruchenden Aufwendungsersatzes und der verdienten Vergütung.

Sowohl bei der Konto- als auch der Depotführung ist die Depotbank zwar grundsätzlich den Weisungen der Kapitalverwaltungsgesellschaft unterworfen, hat diese jedoch zuvor auf ihre Konformität mit dem Gesetz und den Vertragsbedingungen zu prüfen. Ihr obliegen verschiedene Kontrollaufgaben, insbesondere die Aufgabe, die Abwicklung der Wertpapiergeschäfte über das Investmentvermögen, einschließlich des rechtzeitigen Eingangs des Gegenwertes, sowie der Verwendung der Erträge, zu kontrollieren. Für diese Tätigkeit erhält sie ein Entgelt, dessen Berechnungsweise in den Vertragsbedingungen anzugeben ist.

Task 61
Wie stellt sich das Rechtsverhältnis zwischen der Depotbank und dem Anteilsinhaber dar?

Die Einordnung der Rechtsbeziehung zwischen Depotbank und Anteilsinhaber ist innerhalb des Investmentrechts die vermutlich umstrittenste Frage. Einigkeit besteht wohl nur darin, dass der Anleger – außer bei Abschluss des investmentrechtlich zu vernachlässigenden selbständigen Depotvertrags – weder in Person noch in Vertretung durch die Kapitalverwaltungsgesellschaft in unmittelbare Vertragsbeziehung mit der Depotbank tritt.

In § 22 Abs. 1 S. 2 InvG heißt es jedoch, dass die Depotbank bei der Wahrung ihrer, gegenüber der Kapitalverwaltungsgesellschaft übernommenen Aufgaben, „ausschließlich im Interesse der Anteilsinhaber" tätig wird.

Diese höchst eigentümliche Drittwirkung wollen manche als berechtigenden Vertrag zugunsten Dritter, § 328 BGB, andere als gesetzliches Schuldverhältnis erklären:

– Gegen die Annahme des berechtigenden Vertrags zugunsten Dritter lässt sich einwenden, dass die Drittberechtigung des Anteilsinhabers nicht von einem entsprechenden Vertragswillen der Kapitalverwaltungsgesellschaft und der Depotbank abhängen kann; untypisch ist auch, dass der Anteilsinhaber im Gegensatz zu § 333 BGB die Drittberechtigung nicht zurückweisen kann – etwa weil ihm das Vertrauen zur von der Kapitalverwaltungsgesellschaft bestimmten Depotbank fehlt.

– Gegen die Annahme eines gesetzlichen Schuldverhältnisses, welches durch einen rechtsgeschäftlichen Kontakt zwischen Depotbank und Anteilsinhaber entsteht, kann angeführt werden, dass im Falle eines genehmigten Wechsels der Depotbank durch die Kapitalverwaltungsgesellschaft die neue Depotbank bereits vor einem näheren rechtsgeschäftlichen Kontakt mit den Anlegern die gesetzlichen Pflichten einer Depotbank treffen.

Die Wirkung eines gesetzlichen Schuldverhältnisses kann nur soweit gehen, wie durch das Investmentgesetz Schutzregeln zugunsten der Anleger aufgestellt sind. Nimmt man ein gesetzliches Schuldverhältnis an, so dürfte dieses dennoch von einem Vertrag zugunsten Dritter i.S.d. § 328 BGB überlagert sein, sodass in den Bereichen, in denen keine gesetzlichen Pflichten der Depotbank gegenüber den Anlegern betroffen sind, die Depotbank den Anlegern Mängel in der Beauftragung entgegenhalten kann, § 334 BGB.

Task 62

Abschließend sollen Sie nun noch das Rechtsverhältnis zwischen der Investmentaktiengesellschaft und dem Anteilsinhaber/Depotbank dargestellen.

Investmentaktiengesellschaften sind zwingend Aktiengesellschaften:

Investmentaktiengesellschaften dürfen nur in der Rechtsform der Aktiengesellschaft betrieben werden. Die Aktien einer Investmentaktiengesellschaft bestehen aus Unternehmensaktien und Anlageaktien; eine Investmentaktiengesellschaft, die als Spezial-Investmentaktiengesellschaft errichtet wurde, kann auf die Begebung von Anlageaktien verzichten. Die Aktien der Investmentaktiengesellschaft lauten auf keinen Nennbetrag. Sie müssen als Stückaktien begeben werden und am Vermögen der Investmentaktiengesellschaft (Gesellschaftskapital) in gleichem Umfang beteiligt sein, es sei denn, die Investmentaktiengesellschaft lässt in der Satzung auch eine Beteiligung nach Bruchteilen zu. Daneben wurden in den §§ 124 ff. KAGB die Besonderheiten der Investmentkommanditgesellschaft geregelt.

Der satzungsmäßige Unternehmenszweck einer Investmentaktiengesellschaft muss die Anlage und Verwaltung ihrer Mittel nach dem Grundsatz der Risikomischung in investmentrechtlich zulässige Vermögensgegenstände mit dem einzigen Ziel sein, ihre Anteilsinhaber an dem Gewinn aus der Verwaltung des Vermögens der Gesellschaft zu beteiligen. Mit Blick auf die Investmentaktiengesellschaft differenziert das InvG noch zwischen der Investmentaktiengesellschaft mit einem veränderlichen Grundkapital, sowie der Investmentaktiengesellschaft mit einem festen Grundkapital.

Das KAGB regelt in den §§ 108 ff. die Erlaubnisvoraussetzungen für die Aufnahme des Geschäftsbetriebs:

„die Investmentaktiengesellschaft eine Depotbank nach § 20 Abs. 1 beauftragt hat, und im Falle einer fremdverwalteten Investmentaktiengesellschaft diese eine Kapitalverwaltungsgesellschaft benannt hat."

Bei der Investmentaktiengesellschaft erwerben die Anteilsinhaber die Aktien der Gesellschaft direkt und unmittelbar. Da die Anteilsinhaber mithin am Vermögen der Investmentaktiengesellschaft mittelbar beteiligt sind, gibt es, wieder im Unterschied zur Kapitalverwaltungsgesellschaft, kein Sondervermögen der Anteilsinhaber. Abschließend sei noch erwähnt, dass es im Unterschied zur Kapitalverwaltungsgesellschaft auch keine Rücknahmeverpflichtung der Investmentaktiengesellschaft gibt. Die Aktien der Investmentaktiengesellschaft sind frei handelbar.

Praxishinweis: *Obwohl die Investmentaktiengesellschaft eine attraktive Alternative darstellt, da diese als Finanzdienstleistungsinstitut geringere Anforderungen nach dem Kreditwesengesetz zu erfüllen hat, trifft man diese Form in Deutschland noch eher selten an. In anderen Ländern der EU hat sich diese Form bereits etabliert (zu nennen wäre hier z.B. Irland und Luxemburg).*

Task 63
Inwiefern könnten haftungsrechtliche Fragen bei der Kapitalverwaltungsgesellschaft und der Depotbank eine Rolle spielen?

Bisher sind Fragen der Haftung von Kapitalverwaltungsgesellschaften und Depotbanken nur sehr selten gerichtskundig geworden. Dass sich im Zuge der Finanzmarktkrise daran etwas ändert, ist zu erwarten, jedoch nicht gewiss. Als Anspruchsgrundlage von Haftungsansprüchen gegen Kapitalverwaltungsgesellschaften und Depotbanken kommt – da die theoretisch gegebenen Deliktsansprüche aus § 823 Abs. 2 BGB wegen der Beweislastverteilung und Gehilfenhaftung ungünstiger sind und ihr größerer Anspruchsumfang nicht zum Tragen kommt – allein positive Forderungsverletzung des Investmentvertrags in Betracht. Bei Ansprüchen gegen die Kapitalverwaltungsgesellschaft kann die Schlechterfüllung in Verstößen gegen das gesamte Pflichtenprogramm der Kapitalverwaltungsgesellschaft liegen, wird aber am ehesten in der Verletzung der gesetzlichen oder der in den Vertragsbedingungen festgelegten Anlagevorschrift zu finden sein, ferner in einer den Methoden effizienter Portfolioverwaltung nicht genügenden Diversifizierung sowie jeder konkreten, professionelle Standards missachtenden Fehlinvestition.

Zur Durchsetzung von Haftpflichtansprüchen des Anlegers gegen die Kapitalverwaltungsgesellschaft verpflichtet das Gesetz die Depotbank, bzw. für Ansprüche gegen die Depotbank die Kapitalverwaltungsgesellschaft.

Task 64

Versuchen Sie bei der Lektüre des Kapitalanlagegesetzes heraus zu finden, welche Möglichkeiten des Rechtschutzes vorgesehen sind und welches Gericht damit betraut werden muss.

Falls sich Rechtsprobleme mit den Fragen der Gründung oder wenn man sich gegen Entscheidungen der BaFin, die aufgrund des Kapitalanlagegesetzes erlassen wurden, wehren möchte, steht der Verwaltungsgerichtsweg offen. Ausschließlich zuständig ist das Verwaltungsgericht in Frankfurt (nicht zu verwechseln mit dem Gerichtsstand der lediglich den Gerichtsstand für ausländische Investmentanteile vorgibt).

Praxishinweis: *Verschiedene Punkte wurden im Bereich der steuerlichen Aspekte durch das Kapitalanlagegesetz einer Harmonisierung unterzogen:*

1. *Benachteiligungen wegen der Nichtanwendung des „Halbeinkünfteverfahrens" auf Erträge aus Investmentgeschäfte wurden beseitigt;*
2. *Abgeltungssteuer für Gewinne aus Wertpapierverkäufen (Finanzprodukte wie Zertifikate sind gerade auf diesen Gewinn ausgelegt);*
3. *Es wurde eine Regelung zur steuerlichen Ermittlung der Erträge eingeführt (gesonderte Feststellung für inländische Erträge);*
4. *Im elektronischen Bundesanzeiger werden nun die Besteuerungsgrundlagen bekannt gegeben (fehlerhafte Bekanntmachungen werden korrigiert);*

Da es sich bei dem Investmentrecht um eine komplexe Materie handelt, folgen nun einige Wiederholungsfragen, mit deren Hilfe Sie überprüfen können, ob Sie den Stoff verstanden haben.

Task 65

Definieren Sie den Begriff des Investmentvermögens.

Investmentvermögen ist Vermögen zur gemeinschaftlichen Kapitalanlage, welches nach dem Grundsatz der Risikomischung in verschiedene Vermögensgegenstände legaldefiniert in § 1 KAGB angelegt wird.

Task 66
Welche Rechtsformen kennt das Investmentvermögen? Wodurch unterscheiden sich diese?

Das KAGB kennt zwei Formen des Investmentvermögens: OGAW und AIF. Soweit die Kapitalverwaltungsgesellschaft das Investmentvermögen verwaltet, werden die Anleger entweder rechtliche oder wirtschaftliche Miteigentümer des Fondsvermögens. Bei der Investmentaktiengesellschaft ist der Anleger Aktionär der Gesellschaft, das investierte Vermögen ist Gesellschaftsvermögen und wird somit von der Investmentaktiengesellschaft im eigenen Namen und für eigene Rechnung verwaltet.

Task 67
Was ist das Investmentdreieck? Welche Rechtsbeziehungen bestehen zwischen den Beteiligten?

Das Investmentdreieck ist die Beziehung zwischen Anleger, Kapitalverwaltungs- bzw. Investmentaktiengesellschaft und Depotbank. Der Investmentvertrag zwischen Anleger und Kapitalverwaltungsgesellschaft wird nach h.M. wegen der entgeltlichen Vermögensverwaltungspflicht der Kapitalverwaltungsgesellschaft als Dienstvertrag mit Geschäftsbesorgungscharakter verstanden. Zwischen Depotbank und Kapitalverwaltungsgesellschaft besteht sowohl ein Depotvertrag nach DepotG als auch ein Geschäftsbesorgungsvertrag, welcher die Ausgabe und Rücknahme der Zertifikate umfasst. Das Rechtsverhältnis zwischen Anleger und Depotbank wird richtigerweise als gesetzliches Schuldverhältnis einzuordnen sein, welches jedoch von einem Vertrag zugunsten Dritter überlagert wird.

Praxishinweis: *Das Finanzmarktstabilisierungsgesetz (FMStFG), das am 18.10.2008 in Kraft getreten ist und seinen Niederschlag im KAGB (2013) gefunden hat, hat den Markt verändert. Durch das Gesetz wurde ein Rettungspaket ermöglicht, das den Finanzstandort Deutschland sichern soll. Ausgelöst wurde die sogenannte Bankenkrise der Jahre 2008/2009 in Deutschland durch die massiven Probleme der Hypo Real Estate in Zusammenhang mit dem Zusammenbruch der Lehman Brothers Inc. Bank, die große finanzielle Defizite erwirtschaftet hatte. Das Gesetz zielte auf die Sicherstellung der Zahlungsfähigkeit von Finanzinstituten mit Sitz in Deutschland und der Vermeidung einer allgemeinen Kreditklemme auf dem deutschen Markt ab (der Mittelstand in Deutschland ist zu großen*

Teilen Kredit(mit-)finanziert. Hauptbestandteil ist ein Rettungsfonds bei der neuen Finanzmarktstabilisierungsanstalt (FMSA). Der Fonds hat ein Volumen von 100 Milliarden €, darüber hinaus dürfen Garantien bis zu einer Gesamthöhe von 400 Milliarden € ausgesprochen werden.

Folgende Unternehmen und deren Mutterkonzerne mit Sitz im Inland sind bezugsberechtigt:

▶ Kreditinstitute und Finanzdienstleistungsinstitute (§ 1 Abs. 1b KWG)

▶ Versicherungsunternehmen und Pensionsfonds (§ 1 Abs. 1 Nr. 1, 2 VAG)

▶ Kapitalverwaltungsgesellschaften (KAGB)

▶ Betreiber von Wertpapier- und Terminbörsen

Dies hat zu einer Stärkung der Aufsichtsrechte des Staates geführt. Es bleibt abzuwarten, welcher Änderungsgesetze sich in Zukunft das WpHG, KWG und KAGB gegenüber sieht.

IV. Bankenaufsicht und Haftung

Unter Bankenaufsicht versteht man die staatliche Regelung und Überwachung der Banken. In Deutschland wird diese im Gesetz über das Kreditwesen (KWG) geregelt und von der Bundesbank sowie der Bundesanstalt für Finanzdienstleistungsaufsicht (BaFin) durchgeführt.

Lektion 15: Konkrete Bankenaufsicht

Konkret betrachtet versteht man unter der Bankenaufsicht die Erlaubnis zum Betrieb eines Kreditinstituts aber auch die Kontrolle der laufenden Geschäfte. Insbesondere wird hierbei auf die Einhaltung von Vorschriften zum Eigenkapital (nachfolgend dargestellt in Lektion 16), der Liquidität und Depotprüfungen geachtet.

Eine Auswirkung dieser Kontrolle ist, dass die Kreditinstitute vielen Anzeige- und Meldepflichten unterliegen (z.B. Jahresabschlüsse, Anzeige von besonderen Krediten usw.).

Übersicht 40: Bankenaufsicht

▶ Ziele, geregelt in § 6 KWG

  a) Sicherung der Vermögenswerte (Schutz für: den Vermögensgeber)
  b) Sicherung der ordnungsgemäßen Durchführung von Bankgeschäften (Schutz für: die Marktteilnehmer)
  c) Sicherung der Volkswirtschaft (Schutz für: das Gemeinwohl)

▶ Das Wer, geregelt in § 7 KWG

▶ Ziele, geregelt in § 6 KWG

  a) Sicherung der Vermögenswerte (Schutz für: den Vermögensgeber)
  b) Sicherung der ordnungsgemäßen Durchführung von Bankgeschäften (Schutz für: die Marktteilnehmer)
  c) Sicherung der Volkswirtschaft (Schutz für: das Gemeinwohl)

Bankenaufsicht und Haftung

▶ Das Wer, geregelt in § 7 KWG

a) BaFin

Man könnte sagen, dass die BaFin die Spielregeln vorgibt (In Form der von der BaFin unter Mitwirkung der Deutschen Bundesbank erlassenen Richtlinie zur Durchführung und Qualitätssicherung der laufenden Überwachung der Kredit- und Finanzdienstleistungsinstituten – **Aufsichtsrichtlinie**)

b) Deutsche Bundesbank

und die Deutsche Bundesbank kontrolliert, ob diese Spielregeln eingehalten werden.

Relevante gesetzliche Bestimmungen sind:

das Bundesbankgesetz (BBankG),

das Gesetz über das Kreditwesen (KWG),

die Solvabilitätsverordnung (SolvV) und

den Mindestanforderungen an das Risikomanagement (MaRisk).

▶ Inhalt

a) Gründungsüberwachung z.B. Das Erfordernis einer schriftlichen Erlaubnis nach §§ 32, 33 KWG

b) Überwachung des operativen Geschäfts z.B. §§ 10, 11 KWG über das Erfordernis von angemessenen Eigenmittel und ausreichender Liquidität

Praxishinweis: *Für den Fall von Bankinsolvenzen gibt es eine gesetzliche Einlagensicherung. Der Betrag der in einem solchen Fall erstattet wird ist auf 100.000,00 € begrenzt. Unter Umständen bestehen neben dieser gesetzlichen Absicherung noch privatwirtschaftliche „Parachutes".*

Lektion 16: Basel-Prozess

▰ Task 68
Was versteht man unter Baseler Ausschuss im Bereich der Bankenaufsicht?

Seit 1974 gib es den Basler Ausschuss, der von den Zentralbanken der G-10-Staaten gegründet wurde. Die Beschlüsse dieses Ausschusses sind zwar für die deutsche Bankaufsicht nicht direkt bindend, werden aber in der Regel in die deutsche Gesetzgebung übernommen, entweder direkt oder als Umsetzung einer sich aus dem Ausschuss ableitenden EU-Richtlinie. Der Basler Akkord von 1988 – auch als Basel I bezeichnet – und die Eigenkapitalvorschriften für Banken von 2007 (Basel II), der Prozess wird nunmehr kontinuierlich weiter geführt (sogenannter Basel III, als Neufassung der Capital Requirements Directive, (RD 2014), waren wesentliche Ergebnisse des Basler Ausschusses und sollen im Weiteren näher betrachtet werden. Für Unternehmen und ihre Fremdfinanzierungen haben die Prozesse von Basel die Folge, dass Banken verpflichtet sind, die Bonität der Kreditnehmer und das Kreditausfallrisiko wesentlich genauer zu prüfen und sowohl bei den Kreditkonditionen, als auch bei ihrer Eigenkapitalausstattung mit zu berücksichtigen.

Leitsatz 25

Was ist der Basler Ausschuss

Der Basler Ausschuss ist ein **Zusammenschluss**, der von den **Zentralbanken** der G-10-Staaten 1974 gegründet wurde. Die Beschlüsse dieses Ausschusses sind zwar für die deutsche Bankaufsicht nicht direkt bindend, werden aber in der Regel in die deutsche Gesetzgebung übernommen.

▰ Task 69
Stellen Sie die Grundzüge von Basel I dar.

Basel I (auch: Basler Akkord) war die Reaktion auf den besorgniserregend niedrigen Eigenkapitalanteil vieler Banken in den G-10-Staaten. Die Vereinbarungen von 1988 zielten auf eine angemessene Eigenkapitalausstattung der Banken, um mögliche Verluste abzufedern und die

Zahlungsfähigkeit aufrecht zu erhalten. Außerdem wurden einheitliche Internationale Wettbewerbsbedingungen angestrebt.

Die Vereinbarungen von Basel I legen fest, dass Banken im Verhältnis zu Ihren Aktiva mindestens 8 % Eigenkapital halten müssen. Außerdem wurden für die Aktiva verschiedene Risikoklassen eingeführt, die auch Auswirkung auf die Eigenkapitalausstattung haben. Seit 1996 wurde der Basler Akkord zusätzlich um die Einbeziehung des Marktrisikos ergänzt. Der Basler Akkord wurde in den 90er-Jahren zum international anerkannten Standard und gilt heute in über 100 Ländern. 1993 wurden seine Grundsätze durch die IV. KWG-Novelle deutsches Recht. Kritik am Basler Akkord, speziell bezüglich der unzureichenden Differenzierung des Kreditrisikos, sowie der fehlende Berücksichtigung von Methoden zur Risikominimierung, führte 1999 zur Wiederaufnahme der Verhandlungen und letztendlich zu den Erweiterungen der Eigenkapitalvorschriften für Banken – Basel II. Die Wirtschaftskrise 2008 / 2009 zeigte Schwächen der Bankenregulierung auf und mündete 2010 in das sogenannte Basel III / CRD IV (strengere Kapitalquoten). Es handelt sich um einen kontinuierlichen Prozess.

Leitsatz 26

Was sind die wesentlichen Beschlüsse des 1. Basler Akkords?

Der 1. Basler Akkord, auch Basel I genannt, zielte auf eine angemessene Eigenkapitalausstattung der Banken.

Vereinbarungen:
- 8 % Eigenkapitalquote für Banken
- Einführung von Risikoklassen für die Aktiva
- seit 1996 Einbeziehung des Marktrisikos

Task 70

Was sind hierzu die Unterschiede zu Basel II?

Als Basel II oder auch als neuen Basler Akkord bezeichnet man die Gesamtheit der Eigenkapitalvorschriften des Basler Ausschusses seit 1999, die durch die EU-Richtlinien 2006/48/EG und 2006/49/EG seit 2007 für alle Mitgliedstaaten der Europäischen Union Gültigkeit haben und die im

Wesentlichen durch die Novellierung des KWG von 2006 ins deutsche Recht aufgenommen wurden.

Vornehmliches Ziel von Basel II gegenüber dem ersten Basler Akkord ist es vor allen die Eigenkapitaldeckungen noch stärker an das tatsächliche Ausfallrisiko, das Banken bei der Kreditvergabe eingehen, zu binden. Man setzt dafür auf drei Säulen:

Übersicht 41: Die drei Säulen von Basel II

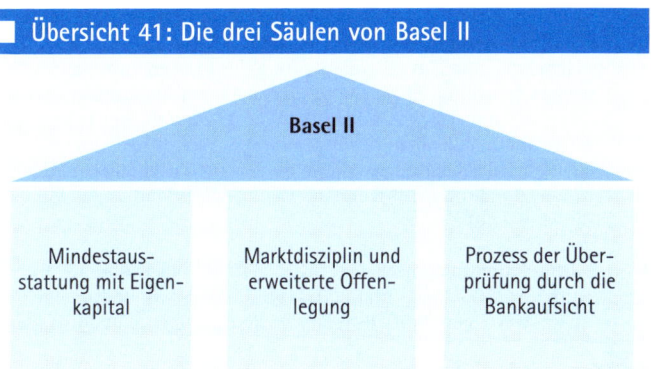

Eine wesentliche Neuerung von Basel II ist die Einführungen der Methode des internen Ratings, das mit sehr genauen Regelungen das Verfahren und die Zulässigkeit der Einschätzungen eines Kreditrisikos festlegt und dann entscheidend ist für die Eigenkapitaldeckung, die ein solcher Kredit für die Bank erforderlich macht.

Task 71

Was sind die Fragen, die man sich stellen sollte, um Basel II zu verstehen?

Was versteht man unter Basel II?

Was hat dazu geführt?

Was sind die wesentlichen Neuerungen und wie wurde es im deutschen Recht umgesetzt?

(Nun sollten wir die aufgeworfenen Fragen natürlich auch beantworten. Aber nehmen Sie sich kurz Zeit, um über die Fragen nachzudenken.)

▶ Basel II bezeichnet die Gesamtheit der Eigenkapitalvorschriften des Basler Ausschusses seit 1999.

▶ Auslöser für den Prozess, der zu Basel II geführt hat, war die Tatsache, dass die Eigenkapitaldeckung der Banken durch die Vorschriften von Basel I nicht genügend an das Ausfallrisiko der Banken gebunden war. Die Kritik am Basler Akkord, speziell bezüglich der unzureichenden Differenzierung des Kreditrisikos sowie der fehlende Berücksichtigung von Methoden zur Risikominimierung, führte letztendlich zur Wiederaufnahme der Verhandlungen des Basler Ausschusses.

▶ Die Umsetzung in deutsches Recht erfolgte mittelbar über die EU-Richtlinien 2006/48/EG und 2006/49/EG, die durch die Novellierung des KWG von 2006 ins deutsche Recht aufgenommen wurden.

▶ Die wesentliche Neuerung von Basel II ist die Einführungen der Methode des internen Ratings, das mit sehr genauen Regelungen das Verfahren und die Zulässigkeit der Einschätzungen eines Kreditrisikos festlegt und dann entscheidend ist für die Eigenkapitaldeckung, die ein solcher Kredit für die Bank erforderlich macht.

Task 72
Was wurde mit dem sogenannten Basel III Reformpaket umgesetzt bzw. angegangen?

Im Wesentlichen wurden die Vorschriften hinsichtlich der Eigenkapitalbasis und Liquiditätsanforderungen angepasst:

Kapitalanpassungen

▶ Erhaltung der Qualität der Eigenkapitalbasis

- Risikodeckung verbessert
- Verschuldungsgrenze wurde eingeführt (Leverage-Ratio)
- Prozyklizität wurde reduziert
- Antizyklische Puffer wurden gestärkt
- Systemische Risiken sollen reduziert werden

Liquiditätsanpassungen

- Liquidity Coverage Ratio
- Net Stable Funding Ratio

Beide Begriffe beschreiben Tools für die Liquiditätsüberwachung bzw. dessen Management.

Leitsatz 27

Basel

Basel bezeichnet einen **kontinuierlichen Prozess** des dazugehörigen Ausschusses, der die Verbesserung der **Marktsicherheit** und des Kundenschutzes im Finanzsektor als Ziel verfolgt. Die **Stabilität des Finanzsystems** (Haftung) steht hier dem Risiko einer Kreditverknappung mit den entsprechenden volkswirtschaftlichen Risiken gegenüber.

Lektion 17: Rating

Eine wesentliche Voraussetzung für Banken ist, wie oben gezeigt, die angemessene Ausstattung mit Eigenmitteln. Diese Anforderung aus dem Basel-Prozess findet sich im deutschen Recht in § 10 Abs. 1 S. 1 KWG.

In § 2 Abs. 1 der Solvabilitätsverordnung (SolvV – Verordnung über die angemessene Eigenmittelausstattung von Instituten, Institutsgruppen und Finanzholding-Gruppen) werden die Risiken genannt, die dabei berücksichtigt werden müssen:

▶ Adressrisiken

▶ Operationelle Risiken

▶ Marktrisiken

Task 73
Was versteht man unter Rating und welche Folgen hat es für Unternehmen?

Das Rating ist das entscheidende Instrument zur Klassifizierung von Adressrisiken. Es hat für Unternehmen die Folge, dass je nach Rating die Kreditkonditionen festgelegt werden. Das Rating kann nach § 8 Abs. 1 SolvV entweder nach dem Kreditrisiko-Standardansatz (KSA) oder nach dem auf internem Rating basierendem Ansatz (IRBA) durchgeführt werden. Das interne Rating kann nur von sog. IRBA-Instituten verwendet werden, alle anderen Banken müssen sich nach dem KSA richten, können dabei aber u.U. auch auf externe Ratingagenturen zurückgreifen. Die Ergebnisse des internen Ratings und des Ratings nach dem KSA können variieren, es ist dabei von Unternehmen zu prüfen, welcher der beiden Ansätze die besseren Kreditkonditionen erwarten lässt, wobei darauf hinzuweisen ist, dass Banken, die sich für ein Rating nach dem IRBA entschieden haben, nur unter gewissen Umständen ein Rating nach dem KSA durchführen dürfen (Vgl. § 56 KWG).

Das interne Rating ist das eigentlich neue Instrument der Bonitätsbeurteilung von Unternehmen, das aus den Basler Akkorden hervorgegangen ist. Beruhte die Beurteilung der Bonität früher auf wenig zuverlässigen und sehr selten validierten Verfahren, so ist das interne Rating nun ein Instrument, dass einerseits durch ein komplexes Regelwerk versucht, eine objektiviere Risikobeurteilung zu ermöglichen und so anderseits den Kreditnehmern mit geringem Ausfallrisiko deutlich bessere Kreditkonditionen verschaffen soll.

Der IRBA beruht auf vier wesentlichen Risikokomponenten:

- Der Bemessungsgrundlage, die auf einen etwaigen Totalausfall des Kredits abgestimmt werden soll (§ 100 SolvV)

- Der Ausfallwahrscheinlichkeit (§§ 86 ff. SolvV)

- Der Verlustquote (§§ 92 ff. SolvV)

- Der maßgeblichen Restlaufzeit (§§ 95 ff. SolvV)

Die Bonitätsmessung nach dem IRBA führt zu einer Messung der Individualbonität von Unternehmen mit Hilfe institutseigner Risikomessmethoden. Wie genau bei dieser Methode die Abstimmung von statten geht, hängt von dem gewählten Ansatz ab:

Man unterscheidet den IRB-Basisansatz und den fortgeschrittenen IRBA (§ 59 SolvV).

Task 74

Versuchen Sie sich zu überlegen, was im Gegensatz zum internen Rating unter dem externen Rating verstanden wird.

Neben dem bankinternen Rating gibt es das externe Rating durch sog. Ratingagenturen. Die bekanntesten international operierenden Ratingagenturen sind Moody's, Standard & Poor's und Fitch. Die Bewertung dieser Agenturen arbeitet mit mathematisch-statistischen Verfahren, die die Ausfallwahrscheinlichkeit anhand von Ausfallsmerkmalen zu ermitteln suchen. Je nach Bonität wird dann einem Unternehmen ein Ratingcode zugeteilt, der von AAA bis D variieren kann. Die genauen Klassifizierungsbezeichnungen sind von Agentur zu Agentur unterschiedlich. Im Zeichen einer fortschreitenden Globalisierung sind Unternehmen darauf angewiesen, sich den Bewertungen durch diese Agenturen zu stellen, um für sie passende Finanzierungen zu erlangen, seien es Anleiheemissionen, hybride Finanzierungen, Konsortialkredite oder aber auch die Aufnahme von Eigenkapital etwa im Rahmen einer Grundkapitalerhöhung einer AG.

Die SolvV regelt Voraussetzungen für die Zulassung und Arbeitsweise von Ratingagenturen in Abschnitt 4 §§ 52 – 54. Diese schreibt vor: „Die Methodik zur Vergabe von Bonitätsbeurteilungen muss sorgfältig, systematisch und stetig sein sowie einem Validierungsverfahren unterliegen, das auf historischen Erfahrungswerten beruht." (Vgl. § 53 Satz. 1, Nr. 1 SolvV).

Für den Fall, dass ein Rating von einem Unternehmen beauftragt wurde, es also einen Ratingvertrag gibt, kommt im Falle eines nach Auffassung des Unternehmens zu schlecht erstellten Ratings eine Korrektur desselben im Rahmen einer Nacherfüllung gemäß § 635 BGB in Frage. Darüber hinaus bestehen eventuell auch Schadensersatzansprüche. Ein Rücktritt vom Vertrag ist zwar auch denkbar, erscheint aber unwahrscheinlich, da das Unternehmen dann den Ratingprozess noch einmal mit einer neuen Agentur durchlaufen müsste. Bei Ratinganalysen ohne Auftrag, die in der Praxis auch vorkommen, besteht im Fall, dass sich ein Unternehmen zu schlecht bewertet fühlt, eventuell ein Schadensersatzanspruch wegen Eingriff in das Persönlichkeitsrecht des Unternehmens sowie den ausgeübten Gewerbebetrieb.

Leitsatz 28

Rating

Rating ist das **entscheidende Instrument** zur **Klassifizierung** von Adressrisiken.

- Es hat für Unternehmen die Folge, dass je nach Rating die **Kreditkonditionen** festgelegt werden.
- **Internes Rating** wird von Banken (IRBA-Instituten) selbst durchgeführt,
- **externes Rating** kann nach dem Kreditrisiko-Standardansatz (**KSA**) und/oder von externen Ratingagenturen durchgeführt werden.

Lektion 18: Bad Bank

Die Bad Bank (Abwicklungsbank) ist ein gesondert gegründetes Kreditinstitut, auf das notleidende Kredite bzw. Zertifikate und Derivate von in Zahlungsschwierigkeiten geratenen Emittenten übertragen werden. Im Grunde ist diese Herangehensweise für z.B. notleidende Kredite, die logische Fortsetzung einer Abwicklungsabteilung in der Bank. Gerade, wenn der Staat, ein Einlagensicherungsfonds oder ein der Bank übergeordneter Verband (z.B. vorhanden bei den Volks- und Raiffeisenbanken) für die Ausfälle die Haftung übernimmt.

Wie oben bereits im Rahmen der Bankenaufsicht angesprochen, haben Banken eine große wirtschaftliche Bedeutung für eine Volkswirtschaft. Aus diesem Grund erlaubt der Staat (bzw. greift ein), durch die Gründung einer Bad Bank Risiken auszulagern, um eine mögliche Bankinsolvenz (-Welle) zu vermeiden.

Grund für die Notwendigkeit zur Gründung einer Bad Bank ist, dass die Bank bei hohen Kreditausfällen u.U. nicht mehr in der Lage ist, die Anforderungen, die Basel (s. Lektion 16) an sie stellen, zu erfüllen – ausreichend Eigenkapital vorzuhalten.

Das Gesetz zur Fortentwicklung der Finanzmarktstabilisierung (FMStFG), das am 23. Juli 2009 in Kraft getreten ist, soll die Gründung von Bad Banks in Deutschland erleichtern und fördern.

Hierzu gibt es zwei Modelle:

▶ Zweckgesellschaftsmodell geregelt in den §§ 6a – 6d FMStFG

▶ Konsolidierungsmodell geregelt in § 8a FMStFG

Praxishinweis: *Für den Verband der Volks- und Raiffeisenbanken wurde in den 80er Jahren die Bankaktiengesellschaft (BAG) gegründet ("Hammer Bank-Skandal). Eine Besonderheit ist, dass die Bank auf Dauer angelegt, um laufend für die Banken des Verbundes kritische Engagements zu übernehmen. Ein anderes Beispiel für eine Bad Bank war die Berliner Immobilien Holding GmbH (BIH).*

Mittlerweile wurden die Regelungen weiterentwickelt und angepasst. Das Instrument kann somit immer wieder zum Einsatz kommen. Nach der Finanzkrise ist bekanntlich vor der Finanzkrise.

Die nachfolgende Übersicht 42 soll einen zeitlichen Ablaufplan zur Gründung einer Bad Bank und der Folgen für die zu sanierenden Bank darstellen. Allerdings sollte man beachten, dass bei jedem der genannte Schritte, viele kleinere Schritte erforderlich sind (u.a. gesellschaftsrechtliche & steuerrechtliche Prüfungen beachten).

Übersicht 42: Ablauf zur Gründung einer Bad Bank

Gründung Bad Bank (Zweckgesellschaft – nicht auf Dauer ausgelegt)

Bad Bank = Inkassounternehmen eigener Art

Bad Bank kauft die notleidenden Kredite (Investments)

Kapitalzufuhr an die Bad Bank (kann u.U. durch Staatsbürgschaften geleistet werden)

Buchverlust bei der zu sanierenden Bank in Höhe des Abschlags für den zu erwartenden Ausfall des Engagements

U.U. ist die Zufuhr von Kapital nötig um eine Insolvenz zu vermeiden

Lektion 19: Interne Haftung

Die Haftung ist ein eigenständiger Bereich, der sich sowohl auf das Kreditinstitut (u.U. auf deren Organe) als auch auf einzelne Personen bezieht. Die Haftung für den (Instituts-) Kunden wurde an vorangegangener Stelle bereits erläutert, da sich die Haftung auf die Vertragserfüllung zzgl. Verzugskosten beschränkt (strafrechtliche Gedanken für einen Institutskunden werden an dieser Stelle außer acht gelassen). Hier geht es also um die Haftung in den gesetzlichen Organen, mithin der einzelnen handelnden Personen.

Task 75

Welche internen haftungsrechtlichen Fragen könnten sich für eine Aktiengesellschaft und eine GmbH aus zivilrechtlicher und strafrechtlicher Sicht ergeben?

Für die Aktiengesellschaft:

- **Vorstand**: Geregelt in § 93 AktG. Vorstände können haftbar gemacht werden, wenn Verantwortungsbewusstsein und eine Entscheidungsorientierung nicht allein am Unternehmenswohl nachgewiesen werden kann. Die Vorstände haften gegenüber der Gesellschaft und nur in Fällen der deliktische Haftung gegenüber den Aktionären oder gar den Gläubigern (Business-Judgement-Rule).

- **Aufsichtsrat**: geregelt in § 116 AktG. Haftung bei Verletzungen, wenn Prüfungs- und Kontrollpflichten (§ 111 AktG) verletzt wurden oder insgesamt gegen das Unternehmensinteresse agiert wurde.

Für die GmbH:

- In § 43 GmbHG geregelt. Der Geschäftsführer haftet für Pflichtverletzungen gegenüber der Gesellschaft. Eine Haftung entfällt, wenn der Pflichtverletzung ein Weisungsbeschluss der Gesellschafterversammlung zugrunde liegt.

Anspruchsgrundlagen können sein:

- Tatbestand des Kreditbetrugs (§§ 263, 265 b StGB)

- Tatbestand der Untreue/Unterschlagung vom Unternehmensvermögen (§§ 266, 246 StGB),

- vorsätzliche sittenwidrige Schädigung (§ 826 BGB)

Das Recht der Finanzierung hat seinen Schwerpunkt im Kreditrecht, dass seine gesetzliche Ausgestaltung in den Normen über den Darlehensvertrag im BGB findet.

***

Sind wir jetzt fertig?

Nein, schon die große Anzahl von verschiedenen Gesetzen (u.a. BGB, HGB, KWG, WpHG, DepotG, KAGB, StGB), zeigt, wie vielfältig das Bankrecht ist. Das hier vorliegende Buch versteht sich als erster Einstieg und als Wiederholungshilfe. Falls Sie sich dem Thema des Bankrechts das erste Mal zugewendet haben empfiehlt es sich, dass Buch nach ein paar Wochen nochmals zur Hand zu nehmen und sich anhand der Leitsätze und Übersichten ehrlich zu fragen, wie viel Sie behalten haben.

Zur Vertiefung können Sie sich mit der Rechtsprechung in den jeweiligen Bereichen beschäftigen. Gerade im Bereich des Zahlungsverkehrs oder den sogenannten Kick-Back-Rechtsprechungen finden sich hierbei gute Anknüpfungspunkte. Strafrechtlich können noch die Kreditratenbetrugsdelikte und Online-Delikte (z.B. Phishing) analysiert werden.

Bei einem zweiten Durchgang sollten Sie ein Bankrechtslehrbuch griffbereit haben, um aufkommende, tiefergehende Fragen, schnell nacharbeiten zu können.

Natürlich hoffe ich, dass Ihnen das Buch eine Hilfe war und stehe für Anregungen und Anmerkungen jederzeit gerne zur Verfügung. Gerade Ihre Hinweise können dafür sorgen, dass sich das Buch als echte Lehrhilfe weiterentwickelt.

Zusammenfassende Betrachtung

- Der Bankenmarkt in Deutschland basiert auf dem sogenannten 3-Säulen-System und wird durch die BaFin überwacht. Die Bundesbank und auf europäischer Ebene die EZB sind für die Geldströme (bzw. Verzinsung) zuständig.

- Der Darlehenantrag ist der rechtliche Mantel des Kreditvertrages. Neben den Kreditsicherheiten, Finanzierungssonderformen und des Zahlungsverkehrs wird das „Brot-und-Butter-Geschäft" der Banken durch die gesetzlichen Grundlagen des Zivilrechts bestimmt

- Eine einheitliche Legaldefinition für den Begriff des Wertpapiers gibt es nicht. Der extensive Begriff der Rechtswissenschaft versteht unter einem Wertpapier eine Urkunde in der ein Recht dergestalt verbrieft ist, dass zu seiner Geltendmachung die Innehabung der Urkunde erforderlich ist.

- Das Wertpapierhandelsgesetz enthält die zentralen Regelungen für das Kapitalmarktrecht. Das Insiderrecht wird durch die Begriffe des Insiderpapiers und der Insiderinformation geprägt. Eine Insiderinformation ist eine konkrete Information über nicht öffentlich bekannte Umstände, die sich auf einen oder mehrere Emittenten von Insiderpapieren oder auf die Insiderpapiere selbst beziehen und geeignet ist, im Falle ihres öffentlichen Bekanntwerdens, den Börsen- oder Marktpreis der Insiderpapiere erheblich zu beeinflussen. Das Verbot der Insidergeschäfte umfasst das Verbot der Verwendung von Insiderinformationen und das Verbot der Zugänglichmachung dieser Informationen. Die Ad-hoc-Publizität stellt in ihren einzelnen Pflichten die effektivste Möglichkeit dar, den Insiderhandel zu verhindern.

▶ Die Verwahrung von Wertpapieren wird durch Depotbanken geleistet. Diese schließen ihrerseits weitere Verwahrverträge mit anderen Depotbanken ab, weshalb man von einer pyramidenförmigen Stufung der Depotverträge spricht, an deren Spitze der Zentralverwahrer steht. Die Depotverwahrung erfolgt in verschiedenen Arten, welche wiederum verschiede Rechtsfolgen auslösen. Die Verwaltungspflichten der Depotbank werden durch die Sonderbedingungen für Wertpapiergeschäfte konkretisiert.

▶ Das Investmentgeschäft dient dazu, dem breiten Publikum auch bei kleinerem Vermögen eine effiziente Kapitalanlagepolitik nach dem Grundsatz der Risikomischung bei gleichzeitiger Risikominimierung zu ermöglichen. Es wird maßgeblich durch den Begriff des Investmentvermögens geprägt.

▶ Die Bankenaufsicht wird im Rahmen der Globalisierung immer wichtiger. Hinzu kommt ein starker Fokus auf das interne und externe Rating.

A

Accidentialia Negotii 24, 29
Adressrisiken 138
Akzessorisch 28, 41
Alternative Investmentfonds (AIF) 107, 129
Anlagegeschäft 5, 16
Anlegerschutz 74, 83, 105, 111, 121
Anlegerschutzverbesserungsgesetz (AnSVG) 74, 83
Anleihe 31, 44, 139
Annuitätendarlehen 25
Anschaffungskosten 49

B

Bad Bank 141
Basel 26, 48, 52, 133, 138
Basler Akkord 133, 138
Befreiungstatbestand 90
Bezugsrechte 101
Bietergesellschaft 89
Bilanzierungsregeln 5, 43
Bonität 27, 48, 55, 133, 138
Bürgschaft 6, 11, 16, 28
Bundesdatenschutzgesetz 12

C

Checkliste 92
Clearingstelle 98
Covenants 22, 26, 35
Cross-Border Finanzierungen 59

D

Debitorenbuchhaltung 51
Deckungskauf 100
Depotbank 95, 99, 103, 111, 124, 128
Depotgebühren 96
Depotgesetz 5, 60, 94
Depotvertrag 60, 95, 101, 124, 129
Derivate 75, 81, 109, 115, 141
Deutsche Bundesbank 6, 15, 132
Drei-Säulen-System 6, 11
Dritt(er)beteiligung 12, 21, 30, 39, 53, 86, 91, 97, 113, 125
Durchlieferungsverfahren 94

E

Eigenbesitz(er) 99
Eigenkapital 7, 21, 25, 33, 38, 43, 48, 52, 56, 131, 135, 140
Eigenkapitalausstattung 25, 133
Emittenten 78, 84, 88, 92, 102, 141
Endfälliges Darlehen 25, 29
Essentialia Negotii 24, 29
EURIBOR 27
Europäische Zentralbank (EZB) 15, 146
Europäischer Pass 110, 120
Europäischer Wirtschaftsraum (EWR) 76, 89, 120
Existenzgründer(kredite) 8, 45

F

Finanzdienstleistungsinstitut 18, 127, 132
Finanzierung 5, 13, 20, 24, 35, 42, 48, 52, 55, 59, 119, 133, 139, 144
Finanzkrise 19, 26, 48, 52, 142
Finanzmarktstabilisierungsgesetz (FMStFG) 129
Fondsgesellschaften 96
Fremdbesitz(er) 99
Fremdfinanzierung 20, 24, 42, 48, 53, 133
Front Running 80

G

Garantie	14, 28, 32, 130
Geschlossene AIF	107
Gesellschafterdarlehen	39, 55
Gesellschaftervertrag	21
Gewerbesteuer	50
Gewinnmargen	11
Gleichbehandlungsgrundsatz	91
Grundsatz der Risikomischung	117, 121, 126

H

Hedgefonds	114, 118

I

Inhaberpapier	44, 64
Insiderpapier	75, 79, 85
Insiderverzeichnis	93
Investmentgesellschaften	108
Investmentvermögen	106, 110, 114, 119
Investmentdreieck	111, 129
Investmentfonds	107, 111, 115, 121

J

Juristische Person	20, 42

K

Kapitalanlagegesellschaft	109, 113, 120
Kapitalmarkt	9, 53, 72, 91
Kapitalverwaltungs-gesellschaften	106, 119, 127
Klassifizierungsbezeichnungen	139
Kodifikation	61
Kommissionsgeschäft	95
Konsensualvertrag	24
Kontenabrufverfahren	101
Kredit	7, 11, 15, 20, 24, 28, 32, 35, 39, 43, 52, 116, 131, 136, 141
Kreditinstitut	7, 13, 18, 26, 33, 52, 79, 89, 95, 99, 124, 130, 141
Kreditrisiko	134, 138
Kreditrisiko-Standardansatz (KSA)	138

L

Leerverkauf	118
Leerverkaufsverbot	116
Leverage	118

M

M&A (Mergers & Acquisitions)	79, 119
Mahn- und Inkassowesen	51
Mezzanine-Kapital	21, 48, 53, 57

N

Notifizierungsverfahren	120

O

Offene Investmentvermögen	107
OGAW	107, 114, 120, 129
Operate Leasing	50
Optionsverträge	77

P

Portfoliomanagement	113, 122
Präsenzhandel	76
Publikumsinvestmentvermögen	107
Publikums-Sondervermögen	114
Publizitätspflicht	88, 92

R

Rating (intern & extern)	27, 53, 135
Refinanzierung	13, 52

S

Sammelverwahrung	97
Scheckgesetz (ScheckG)	69
Schlechtleistung	34
Schufa	12, 26
Schuldrechtsmodernisierungsgesetz	45
Schutzgesetz	12, 92, 120
Sittenwidrigkeit	35
Solvabilitätsverordnung (SolvV)	18, 132, 138
Sondervermögen	73, 108, 112, 116, 120, 124
Spezial-AIF	107
Spin-Off	11
Stammkapital	40, 44

T

Tatbestandsvoraussetzungen	90
Tilgungsdarlehen	25

U

Überwachungs- und Benachrichtigungspflichten	101
Unmöglichkeit	34
Unrechtsakt	86
Unterkapitalisierung	41

V

Verbraucherkreditgesetz (VerbrKrG)	45
Verbriefung	52, 62, 103
Vereinfachter Verkaufsprospekt	110
Vermögensverwaltungs(Auftrag)	101, 123
Vertragsfreiheit	28
Vertrauenshaftung	92
Verwahrstücke	96
Verwahrungs-(buch)	94, 99, 124
Verzug	34, 46, 143
Vormerkung	49

W

Warenderivatenmarkt	71
Wechselgesetz (WG)	69
Wechsel- und Scheckverbot	46
Wertpapier	15, 44, 52, 56, 60, 64, 69, 75, 80, 86, 92, 96, 100, 104, 109, 114, 128
Wertpapierhandelsgesetz	5, 72, 87
Wertpapierrecht	60, 69
Widerrufsrecht	44

Z

Zahlungsverkehr	5, 13, 22, 145
Zentralverwahrer	94, 146
Zession	30, 68

leicht gemacht ®

Gesellschaftsrecht – *leicht gemacht* ®

Das vollständige Recht der Personen und Kapitalgesellschaften für Juristen, Betriebs- und Volkswirte und Studierende an Fachhochschulen und Berufsakademien.

von Richter am Amtsgericht Robin Melchior

In der bewährten fallorientierten Weise vermittelt das Buch eine juristische Einführung zu den vielfältigen Formen von Gesellschaften: Personengesellschaften (GbR, OHG, KG, GmbH & Co. KG, Arge), Kapitalgesellschaften (GmbH, Unternehmergesellschaft, AG, KGaA), juristische Personen (Verein, Genossenschaft, VVaG), europäische Rechtsformen (SE, EWIV, SCE, SPE) ausländische Rechtsträger (Limited).
Behandelt werden dabei auch die Sonderprobleme wie Zweigniederlassungen, Konzerne, Unternehmensverträge, Umwandlungen und Unternehmenspublizität.

Wirtschaftsrecht – *leicht gemacht* ®

Das komplette Recht der Wirtschaft nicht nur für Studierende an Universitäten, Hochschulen und Berufsakademien

von Richter am Amtsgericht Robin Melchior

In der bewährt fallorientierten Weise vermittelt ein erfahrener Richter die Organisation von Unternehmen und das Recht der Kaufleute:

- Gesellschaftsrecht, Jahresabschluss, Steuern
- Vertragsrecht, Marketing, Finanzen
- Beteiligungen, gewerblicher Rechtsschutz
- Arbeitsrecht, Verwaltungsrecht, Gewerberecht
- Kartellrecht, Europarecht u.v.m.

Trotz der Themenvielfalt behält der Leser die Übersicht und erlernt in 23 interessanten Lektionen die Grundstrukturen des Wirtschaftsrechts.
Das Plus: 32 Übersichten und 28 Leitsätze.

Blaue Serie

Kudert
Steuerrecht – leicht gemacht
Das deutsche Steuerrecht

Warsönke
Einkommensteuer – leicht gemacht
Das EStG-Kurzlehrbuch

Warsönke
Körperschaftsteuer – leicht gemacht
Die Besteuerung juristischer Personen

Mücke
Umsatzsteuer/Mehrwertsteuer – leicht gemacht
Zwei Namen – eine Steuer

Schober
Gewerbesteuer – leicht gemacht
Systematisch – präzise – verständlich

Drobeck
Erbschaftsteuer – leicht gemacht
Erbschaft- und Schenkungsteuer

Warsönke
Abgabenordnung – leicht gemacht
Das ganze Steuerverfahren

Warsönke
Steuerstrafrecht – leicht gemacht
Problemstellungen und Lösungen

Schober
Die Steuer der Immobilien – leicht gemacht
Haus- und Grundbesitz

Heinen
Die Steuer der Personengesellschaften – leicht gemacht
GbR, OHG, GmbH & Co. KG ...

Schinkel
Die Steuer der GmbH – leicht gemacht
Das GmbH-Steuerlehrbuch

Mutscher/Benecke
Die Steuer bei Umwandlungen – leicht gemacht
Das Umwandlungsteuergesetz

Schinkel
EÜR – leicht gemacht
Einnahme-Überschuss-Rechnung

Kudert/Sorg
Steuerbilanz – leicht gemacht
Die steuerlichen Grundsätze

Kudert/Sorg
Rechnungswesen – leicht gemacht
Buchführung und Bilanz

Kudert/Sorg
Übungsbuch Rechnungswesen – leicht gemacht
Lernziele, Übungen, Lösungen

Kudert/Sorg
IFRS – leicht gemacht
Int. Financial Reporting Standards

Kudert
Internationales Steuerrecht – leicht gemacht
Die Steuerwirkung grenzüberschreitender Aktivitäten

Schinkel
Klausuren im Steuerrecht – leicht gemacht
Klausurenhilfe: Techniken und Methoden

In regelmäßigen Neuauflagen
www.leicht-gemacht.de